Eveline Schulze

Rasende Eifersucht

Authentische Kriminalfälle aus der DDR

Das Neue Berlin

Über dieses Buch

Kindesmissbrauch und Pornografie in den sechziger Jahren in Görlitz, ein Eifersuchtsdrama unter Homosexuellen, das auf dem Friedhof in Eibau endet, die Rachetat einer betrogenen Ehefrau in Zittau: Verbrechen, die sich tatsächlich zutrugen, von der Autorin spannend in Szene gesetzt. Und nebenbei entsteht ein Bild der Zeit und ihrer Menschen, wie sie damals ganz normal lebten.

Über die Autorin

Eveline Schulze, erfolgreiche Autorin aus Görlitz, legt ihren mittlerweile neunten Band mit Kriminalfällen aus der Region vor. Die studierte Journalistin arbeitete in den achtziger Jahren bei der Kriminalpolizei ihrer Heimatstadt und kennt nicht nur aus den Polizeiakten, sondern auch aus eigenem Erleben die Kriminalfälle, über die sie berichtet.

Rasende Eifersucht

Der Schlag klingt dumpf. Der Oberkörper fällt zurück ins Kissen. Und noch einmal schlägt sie zu. Wieder und wieder. Wie im Rausch. Erst als das Gesicht nur noch blutende Masse ist, hält sie keuchend inne. Das Beil entgleitet der Hand und poltert auf die Dielen. Dann kehrt Ruhe ein. Sie atmet heftig und schaut nach unten. Mit einer Mischung aus Verzweiflung und Verachtung sieht sie auf den Mann, aus dessen Bart Blut in das Kopfkissen sickert. Lautlos. Die Turmuhr der Klosterkirche schlägt, das dunkle Bongbong hallt nach. Erneut senkt sich Stille über die Stadt. Wölkchen stehen vor ihrem Gesicht. Es ist so kalt im Zimmer. Eisblumen machen das Fensterglas undurchsichtig.

Ist er nun endlich hin?

Sie lauscht in die Todesstille. War da ein Geräusch? Doch, der röchelt, der atmet noch. Ihr Blick geht zum Beil zu ihren Füßen. Die stumpfe Seite ist klebrig rot, Haare haften daran. Sie zögert, überlegt. Schließlich dreht sie sich abrupt um und geht in den Korridor. Dort setzt sie die Füße voreinander, ihre Schritte sind weder

schleppend noch weit ausgreifend. Sie geht einfach, als
wäre nichts geschehen. In der Küche steuert sie zielgerichtet den Vorratsraum an. Von der Tür blättert die
Farbe. Wie überall. Seit Jahren hätte gestrichen werden müssen. Erst fehlte die Zeit, später die Farbe. Sie
drückt die Klinke und öffnet die aus Brettern grob zu-
sammengefügte Tür. Der Raum dahinter gleicht mehr
einem Verschlag denn einer Speisekammer. Seine Re-
gale sind so gut wie leer. Die wenigen Lebensmittel, die
man auf Marken oder auf dem Schwarzmarkt bekommt,
bleiben hier nie lange. Die Menge ist zu gering, und der
Hunger zu groß.

Sie geht in die Knie und zieht aus dem untersten Re-
galfach eine Wäscheleine hervor. Greift das Bündel und
richtet sich wieder auf. Die Leine wirft sie auf den Kü-
chentisch, öffnet das Schubfach. Mit dem Küchenmes-
ser trennt sie ein Stück ab, vielleicht einen Meter. Das
Messer ist stumpf, oder der Hanf zu hart. Es dauert, bis
der letzte Faden der verdrillten Leine durchtrennt ist.
Ruhig legt sie das Messer wieder in den Schubkasten
und schiebt diesen zurück. Dann nimmt sie das abge-
trennte Seil und geht ins Schlafzimmer. Ohne Erregung
greift sie nach dem blutigen Schädel, hebt diesen mit
ihrer Linken an und schiebt mit der Rechten das Meter-
stück unter dem Nacken hindurch. Sie verknotet gelassen die beiden Enden und zieht zu. Fest. Fester.

Die Leine gräbt sich tief in den Hals. Die Frau verharrt geraume Zeit in dieser Haltung, bis sie sicher
ist, dass der Mann nicht mehr röchelt. Erst als sie sich
überzeugt hat, dass der letzte Funken Leben wirklich aus dem Körper gewichen ist, lässt sie die Enden
los. Sie verweilt noch einen Moment in ihrer Haltung,

mustert ungerührt den Leichnam. Ohne jeden Anflug von Betroffenheit oder gar Reue. Sie hat getan, was getan werden musste. Der Entschluss war lange gereift. Nicht mal eben so über Nacht. Allerdings wusste sie am Silvesterabend und auch am Neujahrstage noch nicht, dass es nun ausgerechnet an diesem 3. Januar geschehen würde. Heute Morgen hatte ein letzter Tropfen das Fass zum Überlaufen gebracht.

Ohne sich noch einmal umzuschauen, verlässt sie die Wohnung. Die Tür zieht sie nur ran. Hier schließt ein Kapitel. Wozu noch die Wohnung?

Es geht bereits auf Mittag zu, als Viola Schmidtke das Mietshaus in der Zittauer Innenstadt betritt. Der Himmel ist trübe, die Temperatur im Keller. Sie friert in ihrem dünnen Mäntelchen, doch die Aussicht auf das Bett wärmt ihr Herz. Erst am Abend muss sie wieder arbeiten. Vor wenigen Monaten war sie am Grenzlandtheater engagiert worden, was sie sehr glücklich machte, denn lange hatte sie ohne Engagement leben müssen. Kriegsbedingt waren 1944 alle Theater im Reich geschlossen, auch die Bühne in Breslau, an der sie ihre Schauspielerlaufbahn begonnen hatte. Sie ist jung, lebenshungrig und ohne Anhang, der Freund fiel an der Ostfront. Seither sucht sie Anschluss in der ihr noch immer fremden Stadt. Der Krieg hatte sie nach Zittau getrieben. Schlesien ist nun polnisch, an der Stadt fließt die Lausitzer Neiße vorüber. Die bildet jetzt die Grenze. Und in die Neiße mündet die Mandau, die aus Tschechien kommt. Zittau ist eine Dreiländerstadt, in der auch Menschen aus drei Ländern leben. Nicht alle freiwillig. Viele sind gestrandet wie die Schauspielerin aus Breslau und noch immer von der Vorstellung beherrscht, irgendwann dorthin zurückkehren zu können, woher man kam. Jetzt aber hat Viola Schmidtke wieder eine Anstellung, eine winzige Bodenkammer und einen Kerl, was gegenwärtig dreifaches Glück bedeutet. In dieser schrecklichen Zeit herrscht an allem großer Mangel, vor allem an Männern. Millionen liegen in Einzel- oder Massengräbern überall auf dem Kontinent, und weitere Millionen befinden sich noch in Kriegsgefangenschaft.

Erwin ist zwar um einiges älter als sie, aber das stört sie nicht. Störend ist allenfalls die Tatsache, dass sie sich ihn mit einer Frau, vermutlich sogar mit mehreren Frauen teilen muss. Er arbeitet als Hausmeister am Theater, als Faktotum. Zuständig für alles, wo Not am Mann ist. Was manche Frau wörtlich nimmt. Viola hat damit kein Problem. Es ist, wie es ist. Nicht schön, aber hinnehmbar.

Sie will es doch auch.

Erwins Frau ist immer mal wieder aushäusig, weshalb sie es manches Mal im Ehebett treiben und nicht nur auf der Matratze unter ihrem Dach. Zittau war in den letzten Kriegstagen stark in Mitleidenschaft gezogen worden, erst am 8. Mai hatten sich die hier kämpfenden deutschen Einheiten ergeben. Da schwiegen in Berlin und anderswo schon längst die Waffen. Die Wohnungsnot aufgrund der Kriegsschäden war noch zusätzlich gewachsen wegen der Umsiedler aus dem Osten, zu denen auch Viola gehört.

Doch sie ist eine Frohnatur, die das alles wenig anficht. Sie ist mit der Welt, auch wenn diese kaputt ist, im Reinen. Selbstbewusst und energiegeladen schaut sie in die ungewisse Zukunft. Vor der hat sie keine Furcht. Das wird schon, sagt sie sich.

Die Haustür fällt schwer ins Schloss. Viola tastet nach dem Lichtschalter, und obgleich es beim Drehen des Knopfes knackt, bleibt es dunkel. Vor einer Stunde gab es noch Strom. Sie schüttelt den Kopf, so ist das eben. Die Stromsperren kommen und gehen, aber das deutsche Volk bleibt und friert.

Im diffusen Schein, der durch das zugefrorene Oberlicht in den Hausflur fällt, geht sie vorsichtig zum Treppenaufgang. Sie greift nach dem Handlauf, der auch in die Jahre gekommen ist. Das Geländer wackelt wie ein Lämmerschwanz. Lehnte sie sich dagegen, würde es gewiss abbrechen.

Es riecht nach Bohnerwachs, und Viola fragt sich, woher der stamme, denn verkauft wird er nicht, weil gegenwärtig niemand Bohnerwachs produziert: Es fehlen die Zutaten. Werden wahrscheinlich noch alte Wehrmachtbestände sein, die jemand zur Seite geschafft hat, denkt sie und steigt tastend die Stufen hinauf.

Im zweiten Geschoss sucht sie die Klingel, doch ehe sie den Knopf über dem Schild mit dem Namen »Konrad« drückt, zieht sie kopfschüttelnd die Hand zurück. Wenn das Flurlicht nicht brennt, läutet auch drinnen keine Klingel. Sie klopft kräftig an die Wohnungstür. Doch die scheint nur angelehnt. Viola drückt dagegen, die Tür gibt nach.

Vorsichtig öffnet Viola einen Spalt und ruft ins Dunkel der Diele: »Hallo?« Und noch einmal: »Hallo, Erwin!«

Niemand antwortet. Sie weiß: Rechts geht es ins Schlafzimmer, links zu Küche und Bad, geradeaus in die Wohnstube. Die kleine Wohnung ist gut geschnitten, jeder Raum hat Fenster, selbst das Klo. Allerdings sorgen die Außenwände insbesondere an Tagen wie diesen dafür, dass es überall saukalt ist. Erwin hat ihr mal die Eiskristalle gezeigt, die die Wand mit Glitzer überzogen. Da blieb man, wenn man nicht rausmusste, den lieben langen Tag besser im Bett.

»Erwin?«

Viola tastet sich zur Wohnzimmertür, die natürlich wie alle anderen Türen geschlossen ist. Das ist so üblich, um die wenige Wärme im Raum zu halten und nicht sinnlos in der ganzen Wohnung zu verteilen. »Erwin?«

Sie drückt die Klinke nach unten und öffnet, doch in der Stube ist niemand außer dem Frost. Vielleicht in der Küche? Aber auch dort müsste sie doch gehört worden sein. Gewiss liegt er im Bett und schläft noch, denkt die junge Frau und kehrt zum Schlafzimmer zurück. Sie lässt die Wohnzimmertür offen, damit ein wenig Licht in den Flur fällt und sie nicht wie ein blindes Huhn dahintorkeln muss. »Erwin!«

Viola öffnet die Schlafzimmertür. Als erstes nimmt sie einen süßlichen Geruch wahr. Und als zweites dessen Quelle: das zertrümmerte, blutige Gesicht eines im Bett liegenden Mannes. »Erwin?« ruft sie und weiß nicht, ob sie den Namen immer noch in den Raum hineinruft oder den da liegenden, unkenntlichen Körper meint. Ist das der Mann, mit dem sie sich verabredet hat?

Wer aber sonst sollte in Erwins Bett liegen?

Viola steht starr, unfähig oder unwillig, sich zu bewegen oder überhaupt zu reagieren. Sie verharrt im

Türrahmen. Keine Frage, in den Kissen liegt ein Toter. Denn dass dieser so zugerichtete Mensch noch lebt, ist auszuschließen.

Sie schweigt und schaut scheinbar ungerührt. Viola hat im Krieg viele Tote gesehen. Von Granaten zerrissene, in Luftschutzräumen verschüttete und ausgegrabene, von Kugeln getroffene Menschen, Soldaten und Zivilisten, Kinder mit zerschmetterten Gliedmaßen … Die Gewöhnung lässt auch Gefühle sterben. Bilder stumpfen ab, je häufiger man sie wahrnimmt. Militärs verrohen bei der Ausübung ihres Kriegshandwerks, Zivilisten nicht minder bei der Besichtigung soldatischer »Arbeitsergebnisse«. Zweieinhalb Jahre nach Kriegsende bewegen und erschüttern die Schrecken der zivilen Zeit nur wenig. Als der Krieg 1939 begann, sang Heinz Rühmann, dass einen Seemann nichts umhauen könne. »Denn wenn der letzte Mast auch bricht, wir fürchten uns nicht.« Und programmatisch ging es im Refrain weiter: »Das kann doch einen Seemann nicht erschüttern, / Keine Angst, keine Angst, Rosmarie! / Wir lassen uns das Leben nicht verbittern, / Keine Angst, keine Angst, Rosmarie! / Und wenn die ganze Erde bebt / Und die Welt sich aus den Angeln hebt: / Das kann doch einen Seemann nicht erschüttern, / Keine Angst, keine Angst, Rosmarie!« Die Welt geriet aus Angeln und Fugen, und »Rosmarie« bekam es schließlich doch mit der Angst zu tun. Das hallte nach.

Ein wenig überrascht von der eigenen Gefasstheit ist Viola trotzdem. Vielleicht spürt sie nur im ersten Moment keinen Schmerz, und er kommt noch? Oder ist sie Erwin doch nicht so verbunden gewesen, wie sie annahm? Es war einfach nur schön, begehrt zu werden. Sie hat es geliebt, wenn er in sie drang, wild und ungezügelt. Da spürte sie Leben: in sich und überhaupt. Aber mehr scheint es nicht gewesen zu sein. Alt hätte sie mit ihm nicht werden wollen, das war ihr schon vom ersten Tag an klar. Etwas älter mit ihm – vielleicht, aber nicht alt. Irgendwann wäre Schluss gewesen.

Aber doch nicht so.

Viola Schmidtke tritt nicht mehr näher ans Bett, sondern hinaus. Aus dem Zimmer, aus der Wohnung, aus dem Haus.

Das Polizeirevier befindet sich unweit von hier. Sie kam vorhin daran vorbei. Es ist zwar Samstag, aber die Wache wird wohl auch am Wochenende besetzt sein. Die Polizei, die seit Juni 1945 »Deutsche Volkspolizei« heißt, schläft so wenig wie das Verbrechen. Viola Schmidtke schreitet durchs Portal, das Dienstgebäude ist mehr Villa denn Kaserne. An der Wache sitzt einer in blauer Uniformjacke. Er blickt erst auf, als die junge Frau vor ihm steht und sich kokett die Haare aus der Stirn wischt. »Guten Tag«, sagt sie und streift sich verlegen die Schneeflocken vom Mantel.

»Guten Tag«, sagt der Uniformierte. »Wie kann ich Ihnen helfen?« Sein Gesicht scheint Verschlusssache, kein Muskel bewegt sich. Er ist im Dienst.

»Ich muss eine Anzeige machen.«

»Hat das nicht Zeit bis Montag?« Der junge Mann reagiert wie ein alter Behördenmensch, der Dienst nach Vorschrift macht und ansonsten in Ruhe gelassen werden möchte. Eben so, wie es Tucholsky einst pointiert formulierte: »Das deutsche Schicksal: vor einem Schalter zu stehen. Das deutsche Ideal: hinter einem Schalter zu sitzen.«

»Nein, hat es nicht. Glaube ich jedenfalls.« Sie lässt sich nicht abwimmeln.

Die Blaujacke beugt sich nach vorn. »Um was geht es denn?«

»Ich habe einen Toten gefunden.«

Keine Reaktion.

»Einen toten Mann, der wahrscheinlich erschlagen wurde. In seinem Bett.«

»Soso«, sagt der Volkspolizist hinterm Schalter. »Und da sind Sie sich ganz sicher?«

»Was? Dass es sich um einen Mann handelt?« Viola Schmidtke lacht kurz auf, obwohl ihr alles andere als zum Lachen ist. »Hören Sie: Ich habe den Mann tot in seinem Bett liegen sehen. Sein Gesicht war völlig zerschlagen, sodass ich ihn nicht erkennen konnte. Aber ich bin überzeugt, dass es mein Bekannter Erwin Konrad ist. Wir hatten uns verabredet. Und nun ist er tot.«

Der Uniformierte greift zum Telefonhörer. Ohne den Blick von der Frau zu nehmen, steckt er den Finger in ein Loch der Wählscheibe und dreht sie bis zum Anschlag. Die Scheibe rattert zurück. Er wiederholt die Übung.

Nach einer Weile sagt er: »Kamerad Oberkommissar. Hier ist eine Frau an der Wache, die meldet einen Toten.«

Offenkundig sagt am anderen Ende der Leitung jemand etwas. Der Polizist sagt »Jawoll« und legt den Hörer zurück in die Gabel. »Es kommt jemand, der Sie abholt.«

Dann wendet er sich wieder der Zeitung zu, die vor ihm auf dem Tisch liegt.

Viola Schmidtke hält nach einer Sitzgelegenheit Ausschau, denn wie lange es dauert, bis sie »abgeholt« wird, weiß sie nicht. Allerdings ist das Haus augenscheinlich nicht besonders gastfreundlich. Weit und breit kein Stuhl. Sie versucht ein paar Schritte zu machen, doch es bleibt beim Versuch.

»Wo wollen Sie hin?«, dringt es an ihr Ohr. »Ich hatte Ihnen doch gesagt, dass man Sie abholen wird!«

»Ich weiß.« Sie reagiert gelassen.

»Na, warum warten Sie dann nicht?«

»Ich mache nichts anderes: Ich warte.«

»Aber Sie haben sich bewegt!«

»Heißt ›warten‹ bei Ihnen, dass man sich nicht von der Stelle rühren darf und Wurzeln schlagen muss? Ich will nur ein paar Schritte tun, um nicht zu erfrieren und um den Hunger zu unterdrücken. Ich habe heute noch nichts gegessen. Und gestern hatte ich auch nur geröstete Kartoffelschalen.«

Viola Schmidtke setzt ihre Unschuldsmiene auf. Immerhin ist sie Schauspielerin. Das ist jedoch unnötig. Erstens hatte sie nichts Sittenwidriges vor, zweitens eilt jemand die Treppe hinunter. Am Koppel des Mannes baumelt vor dem Bauch in Blinddarmhöhe eine gewaltige Ledertasche, darin eine erkennbar schwere Pistole.

Der Mann steuert auf sie zu, streckt ihr noch im Laufen die Hand zum Gruß entgegen: »Oberkommissar Tuchowski.« Er vertrete die Kriminalpolizei in Zittau, sagt er hüstelnd. Vermutlich gibt es wohl nicht so viele Kriminalisten in der Stadt, die er »vertritt«.

»Kamerad Anwärter«, wendet er sich an den Zerberus, »ich nehme die Dame mit hinauf ins Dienstzimmer.«

Die Ausrüstung der Kriminalpolizei 1948: Handschellen und eine Luger, Modell 08, Standardwaffe der Volkspolizei bis Ende der sechziger Jahre

»Kamerad?«, fragt sie beim Treppenaufstieg. »Ist das die neue Anrede?«

»So ist es«, sagt der Kriminalist. »Wir sind jetzt Volkspolizei, da gibt es keine Herren mehr.«

Viola Schmidtke schüttelt leicht indigniert den Kopf. »Ich kenne ganz andere Kameraden.«

»Ich auch. Aber das kam von oben, von der Landesbehörde in Dresden. Ich vermute, dass es tatsächlich eine Anweisung der Russen ist.« Er schaut sich um, als habe er etwas Unbotmäßiges gesagt und fürchte nun, von einem unbemerkten Zuhörer dafür zur Rede gestellt oder zur Rechenschaft gezogen zu werden. »Dafür habe ich nicht bei den Nazis als ›Kameradenschwein‹ gesessen.«

Viola mustert den etwa Vierzigjährigen von der Seite.

»Ich soll in meiner Kompanie den Kameraden in den Rücken gefallen sein, weil ich mit defätistischen Äußerungen die Wehrkraft untergraben habe, hat der Militärrichter behauptet.« Er winkt ab. »Wie auch immer. Jetzt haben wir eine neue Zeit. Kameraden von damals und Kameraden von heute sind zwei verschiedene Paar Schuhe.« Der Oberkommissar lächelt gewinnend. »Ich denke, irgendwann kommt man da« – er reckt den Zeigefinger zur Decke – »noch selber drauf, dass eine solche Anrede an gestern erinnert. – So, wir sind da.«

Er öffnet eine Tür und lässt seiner Begleiterin den Vortritt. Die schreitet über die Schwelle eines karg möblierten Raumes. Ein Schreibtisch mit einem Stuhl davor und einem dahinter, dazu ein breiter Rollladenschrank, die Regalbretter, soweit erkennbar, nur mäßig mit Aktenordnern gefüllt, mehr nicht. An der Wand vor grauer Tapete ein gerahmter Kopf, den Viola nicht kennt. Sie ist sich aber sicher, dass bis vor kurzen dort das Konterfei eines Mannes mit Bärtchen unter der dicken Nase hing.

»Nehmen Sie bitte Platz«, sagt der Kriminalist und weist auf den Stuhl vorm Schreibtisch mit dem verschlissenen Bezug. »Den Mantel behalten Sie besser an, es ist nicht geheizt.«

Dann pflanzt er sich hinter den Schreibtisch, langt nach einem Blatt Papier, greift sich einen Bleistift und hält ihn gegen das Licht, vermutlich um zu prüfen, ob er angespitzt ist. Als spreche er mit sich selbst, entfährt es ihm: »So, dann wollen wir mal.« Dann wird er förmlich.

»Wie ist Ihr Name?«

Nachdem er die Personalien aufgenommen hat, kommt er zur Befragung.

16

So und so.

Der Bleistift gleitet rasch übers Papier.

Sie habe also ein Verhältnis mit einem verheirateten Mann gehabt, stellt der hohlwangige Mann fest, der noch immer sichtbar von seiner Haft im Militärgefängnis gezeichnet ist. Die aber, da ist sich Viola Schmidtke sicher, wird ihm zu seiner heutigen Anstellung bei der Polizei verholfen haben. Nazi-Aktivisten und Mitläufer waren nach dem Ende des Hitlerreichs systematisch aus Behörden und Verwaltungen vertrieben wurden. Wer heute dort saß, hatte in der Regel eine saubere Weste.

»Ja«, antwortet sie ein wenig unwirsch auf diese Frage. Was habe das mit ihrer Anzeige zu tun?

Der Kriminalist antwortet keineswegs unfreundlich. Er müsse bei einer Tat immer auch nach dem möglichen Motiv forschen. Hat man das Motiv, findet man auch den Täter.

»Was sollte ich für ein Motiv haben, den Mann zu töten, mit dem ich schlafe? Jetzt, wo Männer rar sind.« Viola Schmidtke gibt sich entrüstet.

»Die meisten Morde sind Beziehungstaten.«

Sie schlägt die Beine übereinander. »Und Sie glauben, weil ich eine Beziehung zum Opfer hatte, könnte ich auch die Täterin sein. Und laufe zur Polizei, um den Mord zu melden, um von mir abzulenken.« Sie lacht kurz auf. Denn dass es sich um einen Mord handelt, scheint unstreitig: Der Mann dürfte sich seine Verletzungen wohl kaum selbst zugefügt haben.

Ein Lächeln stiehlt sich in das blasse Gesicht des Oberkommissars. »Nun mal langsam, junge Frau. Ich versuche nur zu ermitteln. Was ist mit der Ehefrau? Wusste sie von dem Verhältnis?«

Achselzucken. »Darüber haben wir nie gesprochen. Aber sie wird schon gewusst oder geahnt haben, dass Erwin nie was anbrennen ließ.«

»Wie meinen?«

»Na, ihr Mann legte alles flach, was nicht bei drei auf den Bäumen war.«

Der Kommissar nimmt den Blick vom Blatt und schaut sie belustigt an. »Mit Verlaub: Sie also auch?«

»Ach, Herr Kommissar, sehnen wir uns nicht alle nach etwas Nähe und Zuwendung?«

»Aber doch nicht so!« Er unterdrückt seine Missbilligung nur mäßig.

»Wie dann?«

Er räuspert sich. Er möchte einen Fall aufnehmen und keinen Dialog über Moral und Liebe führen. Als habe er die Frage überhört, erkundigt er sich: »Der Tote unterhielt also zu mehreren Frauen Beziehungen. Also ich meine, als er noch lebte«, korrigiert er sich.

»Kann man so sagen.«

»Und er war verheiratet.«

»Das sagte ich bereits.«

»Was waren das für Frauen, mit denen Erwin Konrad, nun«, und wieder hüstelt der Kommissar, »verkehrte?«

»Kamerad Oberkommissar«, Viola Schmidtke beugt sich nach vorn und verzieht ihr hübsches Gesicht zu einem Grinsen, »ich lag nie unterm Bett oder hielt die Lampe.«

»Aber Sie werden doch vielleicht bemerkt haben, auf welchen Frauentyp er stand, wer in sein Beuteschema passte?«

Sie lacht hell auf. »Hat ein Hecht im Karpfenteich ein Beuteschema? Wenn Sie mich jetzt so direkt fragen,

18

will ich auch direkt antworten: Erwin nahm jede, die er kriegen konnte. Und er bekam fast jede: von der ersten Garderobiere bis zur letzten Tänzerin. Praktisch alle. Dicke wie dünne, ganz junge und schon etwas ältere. Es gibt ja kaum Männer gerade, und er war einfach gut …«

Sie brach ab. Jetzt hatte sie vielleicht doch das Geheimnis von Erwins Erfolg verraten. »Kurz und gut, wenn Sie so fragen, es gibt nicht wenige Menschen, die zu einer …«, sie machte eine Betonungspause, »die ein Motiv für eine ›Beziehungstat‹ haben könnten. Aber sollte man sich nicht erst einmal den Tatort anschauen und die Leiche abholen? Und vielleicht könnte man auch nach Erwins Frau suchen.«

Der Oberkommissar nickt. Natürlich, das habe er auch vor. Er wisse schon, was zu tun sei. Habe das Opfer, also der Erwin Konrad, gesagt, wo seine Frau sei? Sie hätten sich ja gewiss nicht verabredet, wenn seine Lebenspartnerin in der Wohnung gewesen wäre, nicht wahr.

»Sie wollte gestern Abend zu einer Freundin oder Verwandten nach Görlitz fahren, hat er gesagt. Dann hätten wir heute sturmfreie Bude.«

Der Kriminalist vermerkt auch das auf dem Blatt. Dann ist er fertig. Ihre Personalien habe er ja notiert, er wisse, wo er sie erreiche. Vermutlich werde er im Laufe der Ermittlungen ohnehin ins Grenzlandtheater kommen. »In dieses Sündenbabel.«

Er lacht unsicher und erhebt sich. »Ich bringe Sie noch nach unten.«

Keine Stunde später beugt sich Oberkommissar Tuchowski über die Leiche. Das Gesicht sieht wahrlich nicht gut aus. Ob jedoch die Schläge mit Beil oder der Strick an seinem Hals zum Tode geführt haben, ist auf den ersten Blick nicht festzustellen. Das sollen sie in der Pathologie im Stadtkrankenhaus untersuchen. Er hat kurz zuvor dort angerufen und darum gebeten, ein Auto zu schicken, um den Leichnam abzuholen. Sofern sie genügend »Treibstoff« für ihren Holzgasgenerator haben, wird der Wagen bald eintreffen.

Tuchowski umrundet das Ehebett. Es ist zerwühlt. Nicht nur auf der Seite, wo der Tote liegt. Er wirft das Federbett zurück. Das Laken weist reichlich Flecken auf, deren Ursprung unzweideutig ist. Auch Blutspuren sind dabei. Der Oberkommissar lässt angewidert die Zudecke fallen.

Die Lage ist überschaubar. Dort liegt die Leiche, da die Tatwaffe. Nichts deutet auf einen Kampf. Die Wohnungstür weist keine Einbruchsspuren auf. Der Täter oder die Täterin muss in der Wohnung gewesen sein. Allerdings irritiert Tuchowski die Tatsache, dass das Gewaltverbrechen mit Gewalt verübt worden ist. Seit seiner Ausbildung zu Beginn der dreißiger Jahre hat er schon viele Leichen gesehen – Frauen, Männer, Kinder. Doch Mörderinnen, ohnehin eine verschwindende Minderheit, haben ihr Opfer nie derart zugerichtet. Frauen massakrieren nicht, sie nutzen subtile Methoden. Tabletten, Gift, auch mal eine Schusswaffe. Und ein so stark zertrümmerter Schädel ist ihm noch nie vor Augen gekommen. Vielleicht hat hier ein Mann Hand angelegt? Ein Gehörnter, der seine Frau in flagranti mit dem Nebenbuhler erwischt haben könnte. Wo aber ist dann die Frau, die im Bett lag? Hat er sie mitgenommen? Ging das alles ohne Geräusch und Geschrei ab?

Er wird nachfragen, ob die Nachbarn etwas gehört oder gesehen haben.

Oberkommissar Tuchowski geht durch alle Räume. Aufmerksam mustert er jedes Zimmer. Nichts Auffälliges. Die Wohnung wirkt aufgeräumt. Im Wohnzimmer lässt er sich in einen schweren Sessel fallen. Ah, Friedensware, geht es ihm durch den Kopf. Er schickt seine Augen auf Wanderschaft. Vertiko mit tickender Buffetuhr, geschwungen das Holz, das Schlagwerk nicht aufgezogen. Die Glockenschläge, die dieser Zeitmesser stündlich erzeugt, sind martialisch. Er kennt das, er hat selbst eine zu Hause. Und steckt den Schlüssel zum Aufziehen nur in das eine Loch. Das zweite meidet er. Tuchowski grinst. Es geht den Menschen wie den Leuten.

Sein Blick wandert zum kreisrunden Couchtisch. Ein weißes Tuch mit Lochstickerei bedeckt die Platte, in der Mitte eine Kristallschale. In der Schale liegt etwas. Er erhebt sich und fischt das Papier aus der Schüssel. Tuchowski faltet das Blatt auseinander. Es steht nur eine Görlitzer Adresse darauf. Wer ist diese Frau, deren Anschrift hier vermerkt wurde, in welchem Verhältnis steht sie zum Opfer und dessen Frau? Der Oberkommissar versenkt das Blatt in der Brusttasche seines Mantels, den er nicht abgelegt hat. Es ist hundekalt in der Wohnung. Die Kachelöfen in Wohn- und Schlafzimmer waren seit mindestens 24 Stunden nicht geheizt, wie er beim Handauflegen feststellt. Sie erklären aber auch das Beil, das heutzutage zur Wohnungsausstattung gehört. Damit besorgt man sich Heizmaterial.

Tuchowski ist überzeugt, alles gesehen zu haben. Bis der Krankenwagen eintrifft, kann er ja noch die Nachbarn befragen, sagt er sich.

Inzwischen ist auch der Strom wieder da. Das Flurlicht geht plötzlich an, ohne dass er den Schalter berührt hat. Die Glühbirne an der Decke muss bei der Stromsperre erloschen sein. So vernimmt er denn im Innern der Nachbarwohnung das Schrillen einer Klingel, als er auf den Knopf drückt. Drinnen hört er schlurfende Schritte, im Schloss dreht sich vernehmbar ein Schlüssel, dann öffnet sich die Tür ein wenig.

»Ja bitte?« Eine grauhaarige Frau mit spitzer Nase und eingefallenen Wangen lugt durch den Spalt. Über ihrer Schulter trägt sie eine Wolldecke. Augenscheinlich ist es in ihrer Wohnung so kalt wie nebenan.

»Kriminalpolizei«, hebt Tuchowski an, doch die alte Dame fällt ihm sofort ins Wort.

»Können Sie sich ausweisen?«

»Selbstverständlich«, sagt der Oberkommissar und kramt eine grüne Klappkarte aus seiner Brusttasche und mit ihr das gefaltete Blatt, das er aus der Kristallschale gefischt hat. Inzwischen hat die Dame die Tür um ein paar Zentimeter geöffnet.

Tuchowski hält ihr das Dokument vor die Nase, damit sie es studieren kann. Links das Passbild mit Personalangaben und Dienstsiegel, rechts das Ganze in kyrillischen Lettern, versehen mit dem roten Stempel der sowjetischen Militäradministration.

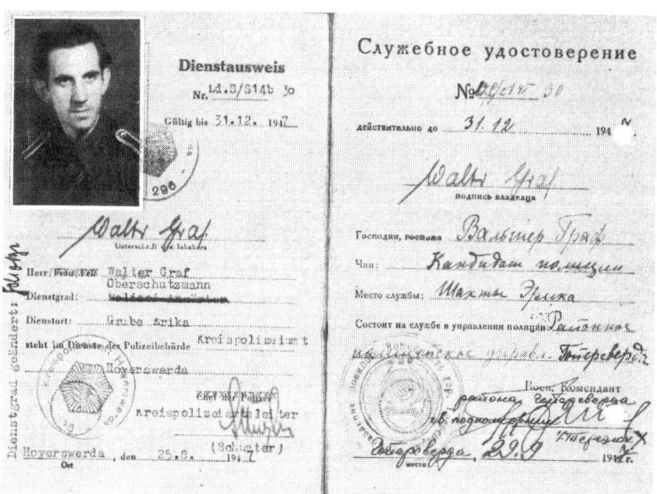

Zweisprachiger Dienstausweis eines Volkspolizisten, ausgestellt vom Leiter des Kreispolizeiamtes Hoyerswerda am 25. August 1947

Die Frau lässt sich Zeit. Tuchowski ist geduldig. Erst als sie das Studium beendet hat, erkundigt er sich, ob sie gestern oder heute etwas Auffälliges gehört habe.

»Warum?«, fragt sie. »Und was soll ich gehört haben?« Sie rückt die Decke auf der Schulter zurecht und schaut den Kriminalisten von unten neugierig an.

»Nun«, sagt Tuchowski, »Ihrem Nachbarn geht es nicht so gut.« Er räuspert sich, weil er diesen Satz selber dämlich findet. »Er ist tot. Wir gehen von einem Gewaltverbrechen aus. Darauf zielt meine Frage, ob Sie etwas gehört haben.«

Die Grauhaarige verzieht keine Miene. Tod und Vergehen gehören auch bei ihr seit Jahren zum Alltag.

»Wie?«

»Erschlagen mit einem Beil. Deshalb denke ich, dass Sie Geräusche gehört haben könnten. Diskussionen oder Schreie, vielleicht haben Sie auch jemanden aus der Wohnung kommen sehen?«

»Wann?«

»Heute in der Früh oder vormittags. Wir vermuten«, Tuchowski korrigiert sich, »ich vermute, dass es in der Nacht oder auch am Morgen passiert sein könnte.«

»Nein, ich habe nichts gehört und auch nichts gesehen.«

»Hing bei Konrads der Haussegen schief?«

Die Nachbarin macht eine wegwerfende Bewegung.

»Heißt das ja oder nein?«

Sie wiederholt die Geste und sagt: »Weibergeschichten.« Sie spricht das Wort so aus, dass Tuchowski die Tiefe der Verachtung spürt, die die Frau gegenüber ihrem nunmehr dahingegangenen Nachbarn empfindet.

»Weibergeschichten?«

Plötzlich bricht es aus der alten Dame heraus. Dass oft fremde Frauen zu diesem geilen Bock gekommen seien. Sie gebraucht tatsächlich diese Formulierung, die seinerzeit noch mit dem Reichspropagandaminister verbunden war. Goebbels hatte oft die Ufa-Studios besucht und immer wieder gutaussehende Nachwuchssternchen abgeschleppt. Dafür nannte man ihn den »Bock von Babelsberg«. (Seines Problems war er sich durchaus bewusst. »Mein Eros ist krank«, schrieb er in sein Tagebuch. »Jedes Weib reizt mich bis aufs Blut. Wie ein hungriger Wolf rase ich umher.«)

»Die arme Frau Konrad …«

»War sie etwa dabei?«

»Natürlich nicht. Immer wenn sie nicht daheim war, trieb er es im Ehebett mit einer anderen.«

»Auch mit der hier?« Oberkommissar Tuchowski faltet das Blatt auseinander und hält es der Frau vors Gesicht.

Sie liest den Namen und schüttelt energisch den Kopf. »Nein, das ist ihre Schwester. Bei der lebt auch Konrads Tochter.«

»Sie haben eine Tochter?«

»Ja, aber die Karin hat sie schon beizeiten nach Görlitz gegeben. Die Kleine wird in diesem Jahr wohl schon konfirmiert.«

»Und warum?«

»Warum sie bei ihrer Tante und nicht bei der Mutter aufwuchs? Weiß ich nicht, darüber hat sie nie mit mir gesprochen. Sie war immer ein wenig wunderlich. Wenn er sie mal wieder grün und blau geschlagen hatte und sie heulend zu mir kam, habe ich immer gesagt: Mädchen, schmeiß ihn raus oder geh – lieber ein Ende mit Schrecken als ein Schrecken ohne Ende. Was man halt so sagt, wenn man sieht, wie jemand in sein Unglück rennt. Es war allenfalls halbherzig, die Tochter in Sicherheit zu bringen. Dieser Mann tat ihr nicht gut. Sie hätte sich ebenfalls in Sicherheit bringen müssen, kam aber nicht los von ihm … Die zweite Schwangerschaft ließ sie von einer Engelmacherin beenden. Wäre das rausgekommen, hätte man beide ins Lager gesteckt.« Sie verstummt, es arbeitet hinter ihrer faltigen Stirn, die von Altersflecken übersät ist.

Tuchowski hakt nach. »Das also ist die Adresse ihrer Schwester. Könnte sie auch jetzt dort sein?«

»Ganz bestimmt«, sagt die Grauhaarige. »Ich wüsste nicht, wohin sie sonst gehen könnte. Sie hat keine anderen Verwandten. Die sind alle tot und im Krieg ge-

Das Grenzlandtheater in Zittau, ein Nazibau aus den dreißiger Jahren. In der DDR erhielt das Theater den Namen Gerhart Hauptmann. Und so heißt es noch immer

blieben. Die ältere Schwester ist die einzige, die noch lebt.« Sie hat gestern auch nach Görlitz fahren wollen, habe sie ihr vor ein paar Tagen gesagt.

Oberkommissar Tuchowski dankt und lässt den Zettel und seinen grünen Dienstausweis wieder im Mantel verschwinden. Für ihn erübrigt sich die Befragung von weiteren Hausbewohnern. Die werden nicht mehr bemerkt haben als die Nachbarin, zudem ist für ihn die Sache ohnehin klar.

Unten am Hauseingang rumpeln die Männer vom Krankenhaus mit der Trage.

Viola Schmidtke ist unterwegs zur Abendvorstellung. Das Zittauer Haus ist eines von zwei Dutzend sogenannten Grenzlandtheatern, die die Nazis in den dreißiger Jahren eingerichtet hatten. Sie waren zielgerichtet und absichtsvoll in der Nähe der Reichsgrenze neu errichtet oder als bestehende Theater zu solchen ernannt worden. Eine Propaganda-Maßnahme, um den angrenzenden Staaten die deutsche Leitkultur zu demonstrieren und zu beweisen, wie sehr sich der Führer um die Kultur auch in den entlegenen Gebieten kümmere. Das Theater in Zittau war vom Architekten Hermann Alker entworfen und 1936 mit Webers »Freischütz« eröffnet worden. Im Jahr darauf wurde Alker von Hitler zum »Stadtbaurat mit besonderen Aufgaben« in München ernannt und mit der Leitung der »Sonderbaubehörde Ausbau der Hauptstadt der Bewegung« betraut.

Das Zittauer Theater kann unschwer seinen Schöpfer und die Zeit verleugnen, in der es entstand: ein wuchtiger Kasten mit langen, schmalen Fenstern, die wie Schießscharten wirken, mit einer breiten Treppe, auf der man gleichsam zur Hochkultur emporsteigt, und den typischen Vorbauten mit quadratischen Säulen, die das Erhabene unterstreichen und das Gebäude zum Musentempel machen sollten. Acht Jahre lief der Theaterbetrieb, dann wurde das Haus geschlossen. Nun spielt es wieder als Stadttheater Zittau. Die Besatzungsmacht setzt auf Kultur und Kunst, um den Ungeist der Nazizeit zu vertreiben.

Viola passiert den Bühneneingang und strebt der Garderobe zu, als ihr Martina in die Arme läuft. Die ist, was man damals eine Landpomeranze nannte: naiv, unbedarft und offenherzig, mit großen Augen. Und von schöner Rundlichkeit. Widerspruchslos hatte sie sich von Erwin begrapschen lassen, weil sie glaubte, mit seiner Hilfe auf die Besetzungsliste zu kommen. Viola hatte die beiden einmal im Kostümfundus erwischt und dem Mädchen später unter vier Augen ins Gewissen geredet. Sie solle nicht alles glauben, was ihr Erwin erzähle, der sei ein Filou. Martinas Wangen färbten sich bei der Eröffnung rot, sie senkte den Blick und wiederholte, was sie jedem im Haus versicherte: Sie mache alles, um auf die Bretter zu kommen, die die Welt bedeuten. Das war für Viola kein Grund. Wenn »alles« sich auf Dienstbotengänge und Hilfsarbeiten beschränke, sei ja nichts dagegen einzuwenden. Aber die Beine breitzumachen gehöre nun wirklich nicht dazu, sagte sie und bekam die pampige Antwort, sie sei doch bloß eifersüchtig. Offenkundig wusste auch Martina schon, dass Viola mit Erwin in die Kiste ging.

Seitdem hatten sie nie wieder ein Wort gewechselt.

Viola kitzelt es nun, Martina die Neuigkeit ins Gesicht zu schleudern. Aus Rache oder aus Neugier auf die Reaktion. So richtig weiß sie selbst nicht, warum sie im Vorbeigehen sagt: »Übrigens, der Erwin ist tot.«

Weil Martina innehält, bleibt auch sie stehen und dreht sich zu der Kleinen um.

Die hat die Augen und den Mund aufgerissen. »Wie, was, ist tot …?«

»Ja, Erwin wurde gestern Nacht oder heute morgen erschlagen.«

Viola sagt nicht, dass sie selbst zum Tête-à-tête mit ihm verabredet war und seine Leiche entdeckt hat. Das muss die nicht wissen, nur ein wenig kitzeln will sie dieses Kulissenflittchen. »Mausetot hat er in seinem Bett gelegen.«

28

Tuchowskis
Dienstausweis
von außen, 1948

Martina schreit auf und schlägt die Hand vor den Mund. Das kann doch nicht wahr sein, Viola wolle sie doch bestimmt nur auf den Arm nehmen. Das finde sie widerlich, damit Schabernack zu treiben.

Sie spaße nicht, bekräftigt Viola, während aus ihren Augen trotzdem der Schalk grinst. Sie freut sich, Martina einen Schreck eingejagt zu haben. Diesem Pummelchen ... was fand er bloß an ihr?

»Nun musst du dir einen anderen Beschäler suchen, der dich auf die Bühne bringt.«

Martina bricht in Tränen aus, wobei nicht erkennbar ist, ob sie Erwins Tod betrauert oder wegen Violas Beleidigung heult.

»Du bist so gemein.«

»Ich bin nicht gemein – die Realität ist grausam!«
Fast schon tut es Viola leid, das blauäugige Mädchen
derart stutenbissig angegangen zu sein. War sie in ihrer anfänglichen Arglosigkeit nicht auch auf Erwins
Geflöte reingefallen? Erst später gewann sie Souverä-
nität, indem sie ihn zu benutzen begann. Erwin glaubte
in seiner Einfalt, er habe Viola sich unterworfen. Umgekehrt: Sie hatte ihn sich untertan gemacht, ohne dass
es ihm bewusst war.

»Er ist die Tränen nicht wert, die du für ihn ver-
gießt«, hört sie sich sagen. Und nimmt Martina in den
Arm. Sie leistet bei dem Mädchen Abbitte.

»Und nun?« Martina schnieft und wischt sich den
Rotz am Pulloverärmel ab.

»Die Kriminalpolizei sucht den Täter.«

»Ich meine: Was wird mit dem Theater?«

»Was soll werden? Jeder ist ersetzbar. Auch ein Hausmeister.«

»Aber er war doch etwas Besonderes?«

Viola lächelt auf Martina herab. »Was war an dem
besonders? Er hat es uns besorgt, wie es alle anderen
Kerle auch tun. Glaub mir: Dein nächster Freund wird
nicht schlechter sein. Bestimmt sogar besser – wenn du
aufpasst, dass er treu bleibt.« Sie lacht.

»Ich bin doch nun keine Jungfrau mehr. Da will mich
doch keiner mehr.«

Viola lacht jetzt erst recht. Ein wenig zu laut. Aber
ohne Arg, einfach nur so. »Mädchen, wir leben nicht
mehr im Mittelalter. Niemand glaubt mehr an die un-
befleckte Empfängnis. Und in diesen rauen Zeiten, wo
die Moral ohnehin im Eimer ist, schon gar nicht. Ich
muss …«

Sie dreht sich um und eilt, den Arm zum Abschied leicht gehoben, in die Garderobe.

Oberkommissar Tuchowski versiegelt nach dem Abtransport der Leiche die Wohnungstür. Die Papiermarke stammt noch aus Altbeständen. Wie immer hatte er vorab das Hakenkreuz mit Tinte eliminiert, sodass nur noch der sachliche Hinweis zu erkennen war, dass es sich um einen Tatort handele, den zu betreten laut polizeilicher Anordnung verboten sei. Vorsorglich schließt er jedoch die Tür ab, mit einem Schlüssel vom Haken im Flur .

Nun sitzt er wieder in seinem kalten Büro und versucht einen Kollegen in Görlitz telefonisch zu erreichen. Doch alle Nummern, die er wählt, erweisen sich als Luftnummern. Er hört das Freizeichen, niemand nimmt ab. Es ist Samstagabend, zudem Jahresanfang. Vermutlich wird erst wieder am Montag die reguläre Arbeit aufgenommen. Am 5. Januar.

»Verdammte Scheiße«, brüllt er und knallt wütend den Hörer auf die Gabel.

Tuchowski ist sich ziemlich sicher, dass sich Konrads Frau in Görlitz aufhält, dort, wo ihre Tochter lebt. Wo sonst würde sie hingehen, wenn nicht die Neiße? Wenn sie im Affekt ihren Mann erschlagen hat und sich danach ihrer Tat bewusst geworden sei – unterstellt, dass sie es auch gewesen ist –, wären weitere Kurzschlussreaktionen nicht auszuschließen. So oder so: Magda Konrad muss so schnell wie möglich befragt werden.

Der Gedanke drängt hervor, ob er nicht nach Görlitz fahren sollte, um selbst die auf dem Zettel angegebene Wohnung aufzusuchen.

Heute fährt kein Zug mehr, und wenn er dort die Gesuchte anträfe: Wohin mit ihr? Wenn in der Dienststelle niemand telefonisch erreichbar ist, dürfte er dort weder eine Zelle noch für sich selbst ein Feldbett finden. Mit dem Auto sind es bis Görlitz keine vierzig Kilometer, ein Katzensprung. Doch wenn man kein Auto hat, ist die Entfernung unüberwindbar.

Natürlich wird sich in Görlitz bestimmt irgendwo ein Diensthabender herumtreiben. Der Oberkommissar kann sich nicht vorstellen, dass die Kreisdienststelle völlig verwaist ist. So ein Chaos hatte nicht einmal im Frühjahr vor drei Jahren geherrscht. Draußen war Krieg, aber drinnen Ordnung. Polizei und Post funktionierten bis zur Kapitulation, selbst die Züge rollten nach Fahrplan. Wenn auch nicht für den Sieg, aber sie fuhren. Tuchowski war nie ein Freund der Nationalsozialisten, wohl aber der Ordnung. Sollten mit der neuen Zeit auch die Unordnung, die Schlamperei und die Unzuverlässigkeit eingezogen sein? Wen kann er sonst noch anrufen in Görlitz? Er kennt kaum jemanden dort, und die wenigen Kollegen, an die er sich erinnert, besitzen keinen privaten Telefonanschluss. Verdammt, warum musste dieser Konrad auch ausgerechnet heute erschlagen werden! Hätte sich der Täter oder die Täterin nicht einen anderen Tag aussuchen können? Und weshalb besteht die Kriminalpolizei in Zittau nur aus einem Mann, nämlich ihm? Ja, es fehlen überall Leute, und von denen, die übriggeblieben waren, hatten nicht wenige braunen Dreck am Stecken. Darum ist für sie kein Platz bei der Volkspolizei.

Oberkommissar Tuchowski hadert mit sich und der Zeit.

In den Gängen zwischen den Garderoben summt es wie in einem Bienenstock. Die Spannung, bevor sich der Vorhang hebt, entlädt sich in aufgeregtem Getuschel und quirligem Hin- und Hergeeile. Nur die ganz alten und erfahrenen Schauspieler sitzen ruhig und abgeklärt in ihrer Kammer und warten auf ihren Auftritt.

Viola Schmidtke teilt sich die Garderobe mit Mia Mattuschek. Die Kollegin ist seit der Wiedereröffnung des Theaters dabei, sie kam aus Reichenberg, das jetzt Liberec heißt und näher an Zittau ist als Görlitz, keine zwanzig Kilometer von hier. Mia hatte am dortigen Stadttheater gespielt, einem ziemlich bedeutendem Haus, an dem Theatergrößen wie Hans Moser, Attila und Paul Hörbiger, Mizzi Günther und Hans Holt reüssierten. Für nicht wenige war Reichenberg das Sprungbrett für eine Filmkarriere. Auch Mia hatte bereits erste Rollen bei der Ufa, doch der Krieg und seine Folgen verpassten ihrer schauspielerischen Karriere einen heftigen Dämpfer. Nun sitzt sie in einem kalten Provinztheater, mit geringen Aussichten auf die große Karriere. Sie hat alles verloren, und ob jemals wieder für sie etwas zu gewinnen ist, steht in den Sternen. Außerdem geht sie inzwischen auf die Vierzig zu, ein schwieriges Alter für Schauspielerinnen. Zu alt für die junge Geliebte, zu jung für die komische Alte. Der Generation dazwischen bleiben nur wenige Theaterrollen.

Viola weiß um diese Probleme. Und sie weiß, dass auch zwischen Mia und Erwin was gelaufen war. Mehr als einmal hatte sie die beiden in genau dieser Garderobe überrascht, doch stets die Tür still und unbemerkt wieder zugezogen. Sie hatte nie eine Szene gemacht.

Allerdings kühlte ihr Verhältnis zu Erwin, mit dem sie dennoch weiter ins Bett ging, emotional ab. Es wäre gelogen, behauptete sie, die Lust sei ihr vergangen, weil es Erwin auch mit anderen Frauen trieb.

»Übrigens«, lässt Viola auch hier wie beiläufig fallen, »der Erwin ist tot«. Sie führt die Pinzette, zupft sich die Augenbrauen und zuckt nicht mit der Wimper, als sie das sagt.

Mia Mattuschek reagiert nicht, tut so, als sei sie im Tunnel und habe nichts gehört.

Viola blickt enttäuscht hinüber. Irgendeine Reaktion hatte sie schon erwartet.

»Erwin Konrad ist tot«, wiederholt sie und konzentriert sich auf ihr Spiegelbild.

»Ich hab's gehört. Ich bin zwar älter als du, aber noch nicht taub.« Mia tupft sich scheinbar ungerührt mit der Puderquaste das Gesicht.

Viola legt nach: »Er wurde ermordet.«

Nach einer langen Pause: »Wo?«

»In seinem Bett.«

»Na, dann kann ich es ja nicht gewesen sein«, sagt die Mattuschek trocken.

»Stimmt. Ihr habt es ja immer hier getrieben.« Viola dreht den Kopf in Richtung Chaiselongue.

»Wer sagt das?«

»Ich.«

»Und wie kommst du dazu?«

»Weil ich euch gesehen und gehört habe.«

Pause.

»Ja, gehört. Bis auf den Gang. Du warst wie von Sinnen. Ich dachte erst, du trainierst deine Stimme. Doch als ich die Tür öffnete, sah ich, dass du weniger deine

Stimmlippen, sondern mehr deine Schamlippen bewegt hast.« Sie kichert über ihr Wortspiel.

Ihre Kollegin findet die Bemerkung ganz und gar nicht amüsant. »Das geht dich einen Scheißdreck an!«

»Klar doch. Aber soll ich mich jetzt dafür entschuldigen, dass ich zu unpassender Zeit unsere Garderobe betreten habe? Ich meine: Ging es nicht auch woanders?«

»Es ging.«

»Und wo?«

»Entschuldige, das muss ich dir nun wirklich nicht auf die Nase binden.«

»Komm schon«, stichelt Viola und drängelt neugierig wie ein Backfisch. »Sag es mir.«

Die Diva schweigt und pudert weiter.

»Warst du auch bei ihm zu Hause?«

Über das Gesicht von Mia Mattuschek läuft ein sanftes Lächeln, das nicht unbemerkt bleibt.

»Also auch.«

»Er war unersättlich.«

Viola nickt. Sekunden später bricht es schließlich aus ihr heraus: »Warst du gestern bei ihm? Du hattest spielfrei, ich war allein in der Garderobe …«

Mattuschek ist eine gute Aktrice. Sie verzieht keine Miene, sagt nichts. Doch ihr Schweigen ist für Viola verräterisch. Sie wiederholt die Frage.

»Warum willst du das wissen? Bist du die Kriminalpolizei?« Mia betrachtet sich im Spiegel.

»Die ermittelt bereits.«

»Ah, gut zu wissen.« Die Puderquaste landet auf dem Schminktisch. Suchend gleitet Mias Blick über die dort ausgebreiteten Utensilien. »Du scheinst gut informiert zu sein.«

»Ich habe ihn gefunden. Ich habe die Polizei benachrichtigt«, sagt Viola, und in der Stimme liegt ein Anflug von triumphalem Stolz.

»Du hast ihn entdeckt? Warum warst du in seiner Wohnung?« Mit einem Mal ist Mattuschek die Neugierige.

»Wir waren verabredet.«

»Zum Schäferstündchen, wie?« Mia Mattuschek lacht hell auf. Es ist Theaterlachen, also künstlich. Sie ist nicht wirklich erheitert.

»Natürlich, warum geht man sonst zu Erwin. Eine Briefmarkensammlung besaß er nicht, die er hätte zeigen können. Nix mit Philatelie, mehr mit Phallus.«

Mias Lachen endet abrupt. Eisiges Schweigen.

Viola Schmidtke bleibt der jähe Stimmungswechsel nicht verborgen. Doch noch ehe sie sich erkundigen kann, ob Mia vor ihr in Konrads Wohnung gewesen sei, läutet die Klingel. Sie eilen schweigend nebeneinander her zur Bühne.

Am Sonntagmorgen sucht Oberkommissar Tuchowski die Dienststelle auf. Bis auf den Mann an der Eingangswache scheint niemand im Haus zu sein. »Bin ich der Einzige, Kamerad Anwärter?«, erkundigt er sich vorsorglich. Der nickt nur. Offenkundig sauer, dass er an seinem freien Tag hier hocken muss. Und heute ist es noch um einige Grade kälter im Hause, denn der Heizungskessel im Keller wird nicht befeuert. Für ein leeres Haus muss man keine Kohle verschwenden, hatte der Dienststellenleiter seine Anweisung begründet.

Tuchowski strebt mit knurrendem Magen seinem Büro zu. In seiner Blechbüchse, die er wie immer in seiner abgeschabten Ledertasche befördert, liegt ein Hasenbrot. Er weiß nicht, was seine Frau ihm auf die dünne Scheibe gekratzt hat, vermutlich Falsches Schmalz ohne Öl, gewonnen aus zerhackten Zwiebeln, aufgekocht in Wasser und gestreckt mit Grieß. Oder Falsche Leberwurst oder Falschen Honig. Die Sonderzuteilungen auf die Lebensmittelkarten, die es vor den Feiertagen gab, sind längst aufgezehrt. Zum Mittagessen erwarten ihn wohl wieder Kartoffelklöße, Bratlinge oder Kartoffelkuchen: gefertigt aus Kartoffelschalen, die nach dem Kochen durch den Fleischwolf gedreht worden sind. Er macht seiner Frau keinen Vorwurf, im Gegenteil, es erstaunt ihn stets aufs Neue, was sie praktisch aus dem Nichts zaubert. Das Resultat ist selten genießbar, der Hunger treibt's jedoch rein, sagen sie. Zumindest ist der Magen gefüllt. Und man fühlt sich satt. Wenn auch nur für den Moment.

Der Oberkommissar sperrt die Bürotür auf und schließt sie gleich wieder, damit die Wärme nicht entweicht. – »Wärme« … Immerhin ist es drinnen zwei bis drei Grad angenehmer als draußen im Treppenflur.

Den Mantel behält er an, die Tasche kommt in den Schrank, dessen Rollladen nur bis zu halber Höhe aufgezogen ist. Dahinter herrscht Leere. Auf den drei oberen Brettern stehen einige Aktenordner mit Verordnungen, Vorschriften und Ermittlungsunterlagen. Er wird einen neuen Ordner anlegen.

Tuchowski öffnet die rechte Tür seines Schreibtisches, dort liegen Leitz-Ordner, die man 1945 von ihrem Inhalt befreit hat. Er greift sich ein Blatt Papier. Das ist eher grau denn weiß und voller Späne, Holzschliffpapier eben, anderes und besseres gibt es gegenwärtig nicht. Bedächtig schneidet er einen Streifen davon ab, so breit wie der Rücken des Ordners. Dann schreibt er mit Bleistift »Mordfall Erwin Konrad« darauf, quer und in zwei Zeilen, oben »Mordfall« und darunter den Namen. Sodann greift er nach dem Fläschchen mit dem Büroleim. Der ist braun, daher wohl auch der Name: »Barock Gold«. Er schraubt den Deckel auf, an dem hängt der Pinsel, mit dem er den Kleister über die Rückseite des Ordners streicht. Zum Schluss pappt er das Papier mit dem Schriftzug darauf und streicht einige Male mit der Hand darüber, dass es auch klebt. Danach locht er die Blätter, die er gestern bei der Vernehmung von Viola Schmidtke gefüllt hat, und legt sie ab. Fertig. Am Ende besteht Kriminalistik eben doch aus Handarbeit.

Danach greift der Oberkommissar zum Hörer. Das Telefon aus schwarzem Bakelit, in den späten dreißiger Jahren von der Reichspost eingeführt, steht in fast allen Büros, egal, in welcher Besatzungszone. Auch in der Volkspolizeidienststelle in Görlitz. Diesmal jedoch nimmt jemand am anderen Ende ab. Tuchowski begrüßt erfreut den Kameraden. Er hat Glück, der Kollege ist aufgeschlossen. Er werde umgehend jemanden zu dieser Adresse schicken, sagt er, und nach der Frau Konrad Ausschau halten. Wenn sie dort aufhältig sei – dieses Beamtendeutsch schien unkaputtbar, obwohl es doch keine Beamten in der Sowjetzone mehr gab –, werde er sie in dieser Sache befragen und ihm Nachricht geben. Danach könne man gemeinsam entscheiden, wie weiter zu verfahren ist.

Befriedigt legt Oberkommissar Tuchowski den Hörer auf die Gabel, nachdem er dem Kollegen gedankt hat.

Anschließend spannt er in die Schreibmaschine zwei Blätter, dazwischen einen Bogen Blaupapier, und beginnt, seinen Bericht zu tippen. Anzeigenaufnahme, Tatortbesichtigung, ergriffene Maßnahmen und den ganzen Trödel, der zu den Ermittlungen gehört. Dabei vergehen einige Stunden. Er ist erstens nicht sonderlich flink an der Maschine, seine beiden Zeigefinger kreisen bei jedem Buchstaben über die Tastatur. Und zweitens sind die Finger aufgrund der niedrigen Temperaturen ziemlich steif. Wieder und wieder muss Tuchowski die Hände in seine Manteltaschen versenken. Zwischendurch gönnt er sich einen Schluck aus der Thermoskanne. Nach Tee schmeckt das nicht gerade. Aber die Flüssigkeit ist warm.

Es geht bereits auf Mittag zu, als das Telefon schellt.

»Tuchowski«, meldet er sich, ohne Dienstgrad und Gedöns.

Görlitz ist dran.

»Wir waren dort. Bei der Adresse. Wir kamen zu spät.«

Tuchowski ist irritiert. »Was heißt das: zu spät?«

»Die Frau Konrad liegt im Krankenhaus. Wir haben in der Wohnung nur die Schwester und die Tochter angetroffen. Die waren völlig aufgelöst.«

»Kollege, sprich doch bitte Klartext und nicht in Rätseln. Ich versteh dich nicht.«

»Diese Frau Konrad, nach der du suchst, hat sich umbringen wollen.«

»Wann und wie?«

»Ihre Schwester sagt, dass sie heute Nacht alle Tabletten geschluckt hat, die sie im Hause fand. Nichts Besonderes oder Gefährliches. Es war wohl die Masse.

Jedenfalls lag sie am Morgen auf dem Sofa und war kaum ansprechbar. Die Schwester hat ihr den Finger in den Hals gesteckt und die Tochter den Arzt holen lassen. Und nun liegt die Konrad im Krankenhaus.«

»Und, warst du schon dort?«

Die Stimme am anderen Ende der Leitung murmelt etwas Unverständliches.

»Was hast du gesagt?«

Es knackt in der Leitung, dann kommt das übliche Tutut. Die Verbindung ist unterbrochen. Tuchowski drückt die Gabel nieder und wählt neu. Freizeichen, dann meldet sich der Kollege wieder. »Scheißtechnik«, flucht er. »Alles nur notdürftig geflickt, und den Rest tragen die Russen als Reparationen raus.«

»So ist das, wenn man einen Krieg anzettelt und verliert.«

»Ich habe keinen Krieg angefangen«, entgegnet der Görlitzer verärgert.

»Du nicht. Ich nicht. Aber verhindert haben wir ihn auch nicht.«

»Die Zeche zahlt immer der kleine Mann ...«, seufzt der Kamerad Kriminalist in Görlitz. »Also ich war schon im Krankenhaus. Die Konrad ist ansprechbar, aber nicht vernehmungsfähig, hat der Arzt gesagt. Man will sie ein, zwei Tage zur Beobachtung in der Klinik behalten.«

»Und dann? Großschweidnitz?«

Der Görlitzer Kollege versteht die Chiffre. Großschweidnitz ist die regionale Heil- und Pflegeanstalt für psychisch Kranke, keine zwanzig Kilometer von Görlitz gelegen. »Nicht jeder, der sich umbringen will, ist deshalb geistesgestört. Also ich würde vorschlagen, du kommst am Dienstag nach Görlitz und sprichst selbst mit ihr. Danach entscheidest du, wie es weitergeht.«

Oberkommissar Tuchowski stimmt zu. »Und du schließt aus, dass sie aus dem Hospital abhaut?«

»Denk doch mal logisch. Sie wollte sich aus dem Leben stehlen – weshalb sollte sie da Angst vor der Polizei haben und vor uns flüchten?«

»Daraus schließe ich, dass du dich ihr als Polizist zu erkennen gegeben hast?«

»Hab ich.«

»Hast du ihr auch gesagt, in welcher Angelegenheit du bei ihr aufgekreuzt bist?«

»Nee, nicht direkt. Ich habe ihr lediglich mitgeteilt, dass mich die Kollegen aus Zittau angerufen haben. Sie hätten einige Fragen an sie. Darauf hat sie gelassen reagiert.«

Tuchowski ist zufrieden. Das hört sich ja alles sehr vernünftig und logisch an. »Ich danke dir, Kollege. Am Dienstag komme ich nach Görlitz, ich werde mich bei dir melden, bevor ich mich ins Krankenhaus aufmache.«

»In Ordnung. Schönen Sonntag noch und tschüss.«

Tuchowski ist die breite Treppe zum Haupteingang des Theaters hinaufgeschritten und rüttelt an der Tür. Die ist versperrt. Es ist Montag. Wieso arbeitet hier keiner, denkt er und schaut sich um. Auf der Straße läuft ein Mann vorbei, den Kragen hochgestellt, den Hut tief ins Gesicht gezogen. Er soll ihn wohl vor dem scharfen Januarwind schützen.

»Hey, Sie da«, ruft Tuchowski.

Der Mann verharrt und blickt hinauf zum Rufer, der ein paar Stufen zu ihm hinabsteigt.

»Arbeitet hier niemand? Warum ist die Tür versperrt?«

»Sie waren wohl noch nie hier?«, fragt der Passant leicht irritiert zurück.

Tuchowski schüttelt den Kopf.

»Dachte ich mir. Sonst wüssten Sie, dass das Portal nur zu den Vorstellungen geöffnet ist. Und jetzt ist keine Vorstellung.«

»Ich will nicht ins Theater, sondern zur Leitung.«

»Nehmen Sie den Seiten- oder Bühneneingang. Der sollte um diese Zeit schon offen sein. Guten Tag noch.« Der Mann tippt mit dem Zeigefinger der rechten Hand lässig an die Hutkrempe und setzt seinen Weg fort.

»Danke«, ruft Tuchowski ihm hinterher. Er ist nun mal ein höflicher Mensch. Also den Seiteneingang. Welche Seite könnte er gemeint haben? Tuchowski wählt die, an der sich die überdachte Autovorfahrt befindet. Und liegt natürlich damit falsch. Dann aber findet er doch noch die richtige Pforte und betritt den Musentempel, den er noch nie von innen gesehen hat. Theater interessiert ihn nicht.

Er fragt den Pförtner am zugigen Eingang nach der Leitung.

»Zur Intendanz?«, erkundigt sich der Türwächter. Nein, er wolle den Chef sprechen, sagt Tuchowski und zeigt seine grüne Klappkarte mit dem Passbild.

»Also doch den Intendanten«, sagt der Pförtner.

»Jaja, zum Superintendenten«, antwortet der Oberkommissar, und der Pförtner feixt. Er glaubt, einen besonders witzigen Polizisten vor sich zu haben. Dabei kennt sich Tuchowski bloß nicht mit den Titularien aus. Er solle ihm folgen, sagt der Pförtner und setzt sich in Bewegung.

Sie bahnen sich einen Weg durch viele Menschen, die im Haus unterwegs sind.

»Probe«, erklärt er dem Mann in seinem Schlepptau, »die erste im neuen Jahr. Da müssen alle ran.«

Das treffe sich gut, antwortet Tuchowski, da könne er gleich noch ein paar Gespräche führen.

Wollte er nicht zum Intendanten, fragt der Pförtner nun wieder.

»Ja, selbstverständlich«, knurrt der Ermittler. Sein Unmut kommt allerdings mehr aus der Unsicherheit. Er bewegt sich auf unbekanntem Terrain. Das scheint vermint. Jede Frage kann eine Bildungslücke offenbaren.

Der Pförtner klopft an eine Tür. Schon jetzt neigt sich sein Oberkörper leicht nach vorn. Der Winkel verringert sich um weitere Grade, als von drinnen ein gnädiges »Herein« kommt. Er öffnet die Tür ein wenig und steckt servil den Kopf durch den Spalt.

»Herr Doktor, hier ist ein Herr von der Polizei, der Sie sprechen möchte ...«

Aus dem Zimmer dringt eine Einladung an Tuchowskis Ohr, ausgebracht von einer kräftigen Stimme. Der wird wohl auch mal auf der Bühne gestanden haben, denkt der Oberkommissar, denn obwohl er kein Theaterfreund ist, vermag er eine ausgebildete Stimme von einer normalen zu unterscheiden. Oder der Mann war mal Offizier. Mit diesem Organ beherrscht man jeden Appellplatz.

Tuchowski tritt ein und dankt im Vorübergehen seinem Begleiter, der sofort die Tür hinter ihm schließt.

Ein korpulenter Mann, groß wie Napoleon und fast so breit, schießt hinter einem Schreibtisch hervor und streckt Tuchowski die Hand entgegen. »Seien Sie mir gegrüßt, Herr ...«

»Tuchowski, Oberkommissar Tuchowski«, sagt der Angesprochene und ergreift die Hand. Die ist ziemlich feucht und weich, ohne jeden Druck. Beim Gang zur Sitzgruppe wischt Tuchowski unauffällig seine Rechte am Mantel ab, dann lässt auch er sich in den voluminösen Sessel fallen.

Der Mann stand vermutlich nie auf einem Kasernenhof, ist sich Tuchowski jetzt sicher.

»Kann ich Ihnen was anbieten? Ich habe aber leider nur Alkolat.« Aus der Tiefe eines voluminösen Fasses steigt dunkle Heiterkeit, der Bauch des Intendanten bebt.

»Danke, sehr freundlich«, reagiert der Oberkommissar abweisend, im Dienst trinke er nicht. Auch nichts mit wenigen Prozenten. Er lächelt gequält.

»Kaffee haben wir keinen.«

Tuchowski winkt ab. »Nur keine Umstände.«

Er lässt den Blick schweifen. Nun, das Zimmer ist erheblich üppiger und mondäner möbliert als sein Büro, alles sehr gediegen.

»Schauen Sie sich ruhig um«, sagt der Dicke und lacht wieder. »Vom Führer geerbt.« Er präzisiert: »Das ist noch die Erstausstattung von 1936. Wir hatten doppeltes Glück – weil 1932 das alte Theater abbrannte und ein neues gebaut wurde. Und weil der Krieg um Zittau einen Bogen gemacht hat. Die Zittwerke, die jetzt drüben in Polen liegen, die hatten die Alliierten damals nicht auf dem Zettel. Man hat dort SS-Sonderprojekte entwickelt, meist unter der Erde. Zum Beispiel Düsentriebwerke für die Messerschmidt. Wussten Sie das?«

Tuchowski schüttelt den Kopf. Nein, davon hat er noch nie etwas gehört. Wenn das bekannt gewesen wäre, da ist er sich sicher, hätte es gewiss Bombenangriffe auf Zittau gegeben. Bis auf wenige Gebäude, die durch die sowjetische Artillerie getroffen wurden, hielten sich die Zerstörungen in Grenzen. Die Stadt war am 7. Mai evakuiert worden, am Tag darauf kapitulierte das Reich in Berlin bedingungslos. Dann waren die Russen gekommen und in die Stadt eingerückt. Und mit ihnen eine neue Zeit. Der Intendant hat Recht: Zittau hatte Glück gehabt.

»Wir können uns gern über die Vergangenheit austauschen«, hebt der Oberkommissar an. »Allerdings bin ich mehr wegen der Gegenwart hier.« Er setzt eine bedeutungsschwere Pause. »Bei Ihnen ist ein Erwin Konrad beschäftigt?«

Der Intendant nickt. »Er ist bei uns Mädchen für alles, offiziell Hausmeister. Wobei ›Mädchen‹ ihn beleidigen würde: Er ist ein ganzer Kerl!« Der Intendant zwinkert. »Wenn Sie verstehen, was ich meine.«

»Nein, das verstehe ich nicht.« Tuchowski stellt sich unwissend.

Es folgt ein vieldeutiges Lachen, das nach Männerbünde und Verständnis klingt. »Herr Konrad ist unseren Damen sehr zugetan. Und sie sind es ihm auch. Zugetan. Ich tue ihm gewiss nicht unrecht, wenn ich Ihnen – natürlich unter dem Siegel der Verschwiegenheit – offenbare, dass er wohl jede hier im Hause schon flachgelegt hat.«

Tuchowski schaut ungläubig. Das deutet der Intendant als Vorwurf. Opportunistisch rudert er zurück. »Lieber Herr Oberkommissar: Ich bin für den Spielplan, nicht für die Moral zuständig. Jaja, der Herr Konrad ist sehr promisk.«

»Was heißt das auf Deutsch?«

»Naja, übersetzen wir es mal mit offenherzig, sexuell freizügig. Sehr beweglich in den Lenden.«

Tuchowski schweigt und schaut den dicken Theatermann eine Weile stumm an.

»Seine Lenden sind ihm augenscheinlich zum Verhängnis geworden«, sagt er dann.

»Wie meinen?«, erkundigt sich der Intendant.

»Herr Konrad ist gestern in seinem Bett tot aufgefunden worden. Wir vermuten, dass er entweder von einem gehörnten Ehemann oder von einer eifersüchtigen Gespielin erschlagen worden ist.«

Der Theaterleiter sinkt noch tiefer in den Ledersessel. »O mein Gott. Wie schrecklich. Und da erzähle ich Ihnen so etwas. Unverzeihlich.« Er wringt die nassen Hände und ringt um Worte. »Und Sie glauben ...«

»Wir können nicht ausschließen, dass der Täter oder die Täterin aus dem Theater kommt. Sie haben ja selbst gesagt, dass Herr Konrad mit jeder hier etwas hatte. Wie viele Frauen sind hier beschäftigt?«

»Alles in allem vielleicht so um die fünfzig, die Kolleginnen in der Garderobe, Schneiderinnen und Putzkräfte inklusive.«

»Sekretärinnen?«

Tuchowski trifft ein vorwurfsvoller Blick. »Na hören Sie mal! Im Haus gibt es nur eine Schreibkraft, und die arbeitet für mich.« Und um nicht den Hauch eines Missverständnisses aufkommen zu lassen, fügt er an: »Damit Sie mich nicht falsch verstehen: Sie ist meine Vorzimmerdame, nicht mein Bettvorleger. Und Konrad ...«, er winkt ab. »Selbstbewusste, intelligente Frauen waren nicht sein Beritt. Er bevorzugte die jungen, naiven Dinger, die mit seiner Hilfe etwas zu werden hofften, und er machte den reiferen den Hof, jenen, die unbemannt geblieben sind. Die dankbar waren, wenn einer wie Konrad sich ihrer annahm. Kriegerwitwe mit Vierzig – da ist das Leben doch noch nicht vorbei! Nicht wahr?« Der Dicke grient.

Der Oberkommissar nickt. »Also wenn Herr Konrad Nächstenliebe vornehmlich an Witwen und Waisen übte, scheidet ein betrogener Ehemann aus. Liege ich mit dieser Vermutung richtig?«

Der Intendant horcht in sich hinein, durchforstet sein Gehirn, auf der Stirn ist zu erkennen, wie es dahinter arbeitet. Wahrscheinlich defilieren jetzt alle Frauen an seinem geistigen Auge vorbei. Nach einer Weile sagt er, dass er zwar nicht sämtliche partnerschaftlichen Beziehungen seiner Angestellten kenne, aber er glaube nicht, dass ein eifersüchtiger Kollege dem Konrad ans Leben gegangen sein könnte. »Erwin Konrad war bei fast allen Kollegen beliebt.«

»Und bei den Kolleginnen ganz besonders.« Tuchowski nickt. Das habe er schon verstanden. Er würde sich ganz gern mal mit ihnen unterhalten.

»Jetzt gleich?« Der Intendant schaut ein wenig entgeistert? »Wir haben Probe.«

Es ist auch nur kurz, winkt der Oberkommissar ab. »Lassen Sie mich mal auf die Bühne. Irgendwann muss es ohnehin mitgeteilt werden, dass Herr Konrad nicht mehr kommen wird.«

Wenige Zeit später steht Tuchowski im Theatersaal vor allen Mitarbeitern. Die Bühne ist nur mäßig ausgeleuchtet. Auch hier muss Strom gespart werden, wenn er denn mal fließt. Der Intendant wünscht ein gesundes Neues Jahr allerseits und äußert ein paar Nettigkeiten. Was man seinen Mitarbeitern am ersten Arbeitstag nach den Ferien so sagt. Dann erteilt er, nach zügiger Vorstellung, Tuchowski das Wort.

»Meine Damen und Herrn«, hebt der an, »es tut mir Leid, das Jahr 1948 mit einer schlechten Nachricht beginnen zu müssen, obwohl wir doch alle nichts sehnlicher als Frieden, Glück und etwas zu essen wünschten.«

Die schwungvolle Begrüßung sorgt auf nicht wenigen Gesichtern im Saal für leichtes Schmunzeln.

»Die schlechte Nachricht«, setzt Tuchowski fort, »Herr Erwin Konrad, der von Ihnen geschätzte Hausmeister (wie mir Ihr Theaterleiter sagte), ist tot.«

Aus dem Auditorium kommen nach einer Schrecksekunde erregte Rufe und spitze Schreie, andere fallen, wie Tuchowski registriert, in starres Schweigen, gelähmt von Entsetzen. Sein Blick wandert durch die Reihen. Er sieht niemanden, der unberührt wirkt, alle scheinen angefasst. Jede und jeder lässt Betroffenheit, mindestens Trauer erkennen.

»Herr Konrad wurde Opfer einer Gewalttat«, schiebt der Oberkommissar nach.

Die Mitteilung erhöht noch das Maß der Bestürzung.

»Was heißt das?«, ruft jemand aus der ersten Reihe.

Tuchowski antwortet, er könne wegen der laufenden Ermittlungen keine Details offenbaren, nur so viel: »Ihr Hausmeister wurde ermordet!«

»Hat man schon den Täter?« Die Stimme kommt aus der Mitte des Saales.

»Wäre ich dann hier?«

»Heißt das, die Polizei vermutet den Täter unter uns, seinen Kollegen? Unerhört!«

Oberkommissar Tuchowski spürt, dass seine flapsige Bemerkung nicht gut war. Er muss zurückrudern. »Nein, das heißt es nicht. Wir verfolgen mehrere Spuren, keine führt ins Theater.« Er weiß, dass der Satz in mehrfacher Hinsicht Blödsinn ist und nur der Beruhigung der erregten Gemüter dient.

»Wenn keine Spur ins Theater führt – warum sind Sie dann hier? Nur um uns mitzuteilen, dass Erwin tot ist?« Der Quälgeist im Auditorium gibt keine Ruhe.

Tuchowski macht eine abwehrende Handbewegung. »Deshalb natürlich auch.« Aber er wolle trotzdem mit jedem ein paar Worte wechseln. Das sei Routine. »Dennoch sollten Sie die Gespräche, auch wenn sie kurz sind, nicht als routiniert und pflichtschuldig empfinden.« Das gebiete schon die Achtung gegenüber dem Toten. »Der Herr Intendant hat mir sein Büro zur Verfügung gestellt. Sie können wie üblich weiter proben. Jeder schickt nach dem Gespräch den Nächsten zu mir. Wollen wir so verfahren?«

Da keiner widerspricht, macht Tuchowski sich ans Werk. Die persönlichen Befragungen ziehen sich bis in die Nachmittagsstunden hinein. Sie sind aufschlussreich, bringen Tuchowski in der Sache aber keine neuen Erkenntnisse. Bestätigt wird bloß die Einschätzung des Intendanten, dass es kaum eine Frau im Ensemble gibt, mit der Konrad nichts hatte. Und nahezu alle wussten das und nahmen es in Kauf. Da ist keine darunter, die aus Eifersucht Rache geübt oder deren fester Partner, so überhaupt existent, sich des Nebenbuhlers zu entledigen gewünscht hätte. Im Grunde erhärten die Gespräche lediglich Tuchowskis Verdacht.

Notizen hat er kaum gemacht, wozu auch? Es gehört nicht zu seinen Prinzipien, bei Befragungen ständig etwas in ein Büchlein zu kritzeln, was er später ohnehin nicht mehr würde entziffern können. Fragen, schreiben, zuhören, die nächste Frage formulieren und das alles gleichzeitig: Da fühlt er sich selbst mit Vierzig überfordert. Außerdem schaut er lieber dem Gegenüber ins Gesicht, studiert die Reaktionen auf bestimmte Fragen. Das kurze Innehalten, ein plötzlicher Wimpernschlag, das Heben einer Augenbraue oder das Ausweichen eines Blicks. Der Oberkommissar ist ein ausgeschlafener, erfahrener Kriminalist, der lieber Beobachtungen verarbeitet denn Papiere. Er hat bei seinem Befragungsmarathon nichts Auffälliges bemerkt, das weiterer Nachforschungen bedurfte. Viele Sorgen, Zukunftsängste, Alltagsnöte – alles Dinge, die im Lande jedermann gleichermaßen bedrücken. Bettgeschichten scheinen da nur kurzzeitige Ausbrüche, Fluchten aus dem tristen Alltag zu sein. Selbstvergewisserung, dass man noch lebe und Spaß daran haben kann. Eine verrückte Zeit. Tuchowski muss weit zurückdenken, ehe Bilder einer Zeit auftauchen, als es mal anders war. War es vielleicht nie – aber als Kind oder Jugendlicher nimmt man die Dinge mit Leichtigkeit und unbeschwert zur Kenntnis.

Der Oberkommissar trottet in sein Büro zurück. Er wird dort den Bericht der Kriminaltechniker sichten und sich auf das morgige Gespräch mit der Frau des Opfers vorbereiten.

Magda Konrad starrt an die Decke. Ihre Nase ragt spitz aus dem blassen Gesicht, der Kopf ruht flach auf dem Kissen. Sie fühlt sich miserabel. Links und rechts und gegenüber von ihr liegen Frauen verschiedenen Alters, junge, alte und welche, die wie sie auf die Vierzig zugehen. Sie war acht, als der Kaiser ging, und zweiundzwanzig, als Erwin in ihr Leben trat. Dann kamen Adolf und der Krieg. Nun liegt sie in einem Saal, in dem etwa zwanzig Betten stehen, die meisten belegt.

Warum ist sie eigentlich hier? Ach ja, wegen der Tabletten. Und weshalb hatte sie die genommen? Keine Erinnerung. Wollte sie nur schlafen? Warum hat ihre Schwester sie dann geweckt? Steckte ihr den Finger in den Hals und zwang sie literweise ekelhaftes Salzwasser zu trinken, das sie anschließend in den Eimer kotzte. Der Hals schmerzt noch immer. Sie ist müde, des Lebens müde. Jetzt erinnert sie sich langsam wieder. Sie wollte nicht mehr. Deshalb hat sie alle Pillen geschluckt, die sich in der Hausapotheke ihrer Schwester gefunden hatten. Nur warum? Weil sie niemand brauchte? Karin ist sechzehn, die ist so gut wie erwachsen, sie braucht keine Mutter mehr. Hat sie eigentlich nie. Magda hatte sie bereits im Kleinkindalter zur Schwester nach Görlitz gegeben. Eigentlich ist die Tante die Mutter, nicht sie.

Warum hat sie sie nach Görlitz gegeben?

An den unmittelbaren Anlass kann sich Magda augenblicklich nicht mehr erinnern, die Vergangenheit liegt im Nebel. Nur Fragmente ragen daraus hervor, winzige Bruchstücke, ohne Verbindung zu einander. Alles verschwimmt. Ja, richtig, sie hatte damals in der Wollweberei als Sekretärin angefangen, saß im Vorzimmer des Chefs. Der alte Kronbach war nett, der Juniorchef eine Drecksau. Die Bilder gewinnen an Schärfe, die Konturen werden deutlicher, je intensiver sie grübelt. Sie sieht den Kerl um ihren Schreibtisch scharwenzeln, erinnert sich, wie er sich in seiner braunen Uniform spreizte, ein eitler Gockel, großmäulig, fordernd. Er war aufdringlich, schließlich zudringlich. Ja, natürlich – er hat sie vergewaltigt. Sich brutal an ihr vergangen. Auf ihrem Schreibtisch. Sie hatte sich nicht gewehrt, nicht geschrien, alles heulend hingenommen. Der Alte, sein Vater, den sie vielleicht hätte rufen können, war nicht da. Das hatte sich der Kerl gut ausgedacht. Und bewusst den Umstand genutzt, dass draußen vorm Werkstor Dutzende arbeitslose Sekretärinnen standen, die sofort ihre Stelle übernommen hätten. Mit allen Konsequenzen. Seit über zwei Jahren galoppierte die Wirtschaftskrise weltweit, und um Zittau schlug sie keinen Bogen. Für eine Anstellung nahm man einiges in Kauf. Auch so etwas. Das wusste Kronbach jr., das wusste Magda. Und Kronbach wusste, dass dies Magda bewusst war und sie darum schweigen würde.

Es blieb nicht bei dem einen Mal. Es fand sich immer wieder Gelegenheit, sie zu bedrängen, wenn der Firmeneigner abwesend war. Es schien nur noch eine Frage von Monaten, nicht von Jahren, dass die Leitung des Betriebes an den missratenen Sohn gehen würde. Der alte Kronbach mochte die lärmenden Nazis nicht, denen sich sein Filius zugesellt hatte. Dessen Engagement bei den Braunen schien den Rückzug des Alten aus der Firma zu beschleunigen. Und sein Sohn nahm sich bereits einen Kredit bei Magda auf die Aussicht, dass er schon bald Betriebsführer sein würde.

Es kam, wie befürchtet: Eines Tages blieb bei ihr die Regel aus und morgens kehrte sich ihr Magen nach außen. Sie wusste, was das bedeutete.

Sie brauchte einen Mann.

Er hieß Erwin und war Meister. Im Betrieb sorgte er dafür, dass die Maschinen immer liefen und die Stimmung in der lauten Fabrikhalle gut blieb. Ein freundlicher Mann, im besten Alter, um die Dreißig. Die Frauen an den Spinnmaschinen, die Nähgarne aller Farben und Stärken ausspuckten, mochten ihn. Manche liebten ihn auch. Erwin war offen und unterhaltsam, nicht nur seine Sprüche saßen locker. Auch die Hände. Die Frauen kreischten, wenn er ihnen ungeniert unter die Kittelschürze griff. Der Maschinenlärm schluckte das alles. Die Kolleginnen in der Nähe blickten nur grinsend hinüber, wenn Erwin sich an einer zu schaffen machte. Keine schaute schamhaft weg. Nicht eine, die sich darüber mokiert hätte. Irgendwie gehörte das zur Arbeit. Erwin war, wie gesagt, Meister. Er spielte auf vielen Klavieren.

Ab und an kam er auch in Magdas Büro. Er brachte die Zahlen für den Chef, oder machte Mitteilung, dass Ersatzteile zu bestellen waren und dieser oder jener Nachschub ausblieb. Der Fabrikbesitzer Kronbach achtete auf Distanz – wozu gab es ein Vorzimmer, das ihn von den Proleten abschirmte?

Magda hatte sich den vier Jahre älteren Erwin ausgeguckt. Sie war wild entschlossen, ihm den Kuckuck unterzuschieben. Das musste ziemlich schnell gehen, denn rechnen konnte der auch. Erwin Konrad war zwar schlicht im Denken und schwanzgesteuert, doch er war nicht naiv.

Magdas augenscheinliche Offerten fand er keineswegs anstößig – warum sollte nicht auch im Vorzimmer des Chefs funktionieren, was in der Maschinenhalle gang und gäbe war? Magda trug keine Kittelschürze, ihr Kleid war weit geschnitten, und als sie es hinterm Schreibtisch in die Höhe hob, sprang Erwin sofort an. Diese Art Einladung verstand er …

Magda Konrad beobachtet die Krankenschwester, die mit der Bettpfanne den Gang entlang läuft. Obwohl ein Deckel darauf sitzt, registriert Magdas Nase den Inhalt. Die Schwester mit der gefalteten Haube eilt zum Ausgang. Gefüllt hat die Pfanne der doppelte Beinbruch drei Betten weiter zu ihrer Linken. Die Frau ist gegipst bis zum Schritt und kommt nicht hoch. Die Notdurft muss sie mobil verrichten. Das scheint aber weder sie selbst noch ihre Nachbarinnen zu stören. Vielleicht sagen sie es nur nicht. Selbst wenn sie sich beschwerten, bliebe es ohne Folgen. Bloß gut, denkt Magda, dass sie auf die Toilette gehen kann und sich nicht auf derart unbequeme und überdies peinliche Weise entleeren muss.

Ihr Blick geht wieder hinauf an die Decke. Dort hängen drei kugelrunde Lampen aus Milchglas. Licht fällt durch drei große Fenster an der Stirnseite des Saales. Magda sieht von ihrem Bett die Kirchturmspitzen. Gotteshäuser gibt es in Görlitz etliche.

Dann taucht sie wieder in die Vergangenheit ein.

Sie heiratete damals also den Erwin, nachdem sie ihm gesagt hatte, dass er sie geschwängert habe. Der hatte irritiert auf ihre Offenbarung reagiert, wollte nicht glauben, dass es schon beim ersten Mal passiert sei. Er habe doch immer aufgepasst, versicherte er ihr. Rechtzeitig rausgezogen und so, so etwas sei ihm noch nie passiert. Tja, hatte Magda selbstbewusst erklärt, es gäbe nun zwei Möglichkeiten: Entweder lasse sie das Kind wegmachen – oder es werde geheiratet. Wenn die Abtreibung schiefgehe und sie gefragt werde, wem sie dieses Missgeschick zu verdanken habe, könne sie natürlich schwerlich den Namen des Vaters verschweigen. Erwin sah das Damoklesschwert über seinem Haupte schweben und willigte ein.

Nachdem sie niedergekommen war und abgestillt hatte, brachte sie Karin zu ihrer älteren Schwester nach Görlitz. Die war zwar verheiratet, aber kinderlos. Vermutlich lag das an Magdas Schwager. Das war ein Langweiler mit Ärmelschonern, die er auch zu Hause gedanklich nicht ablegte. Wenn Magda sich nur andeutungsweise bei der Schwester erkundigte, wie es bei ihnen im Bett laufe und warum sie keine Kinder hätten, winkte die Schwester immer nur ab und verzog das Gesicht vielsagend. Manchmal fragte sich Magda, warum ihre Schwester diese fleischgewordene Büroklammer geheiratet hatte, doch sie wusste die Antwort selbst: Der Mann arbeitete als Beamter bei der Reichspost und hatte somit eine krisenfeste Anstellung. Die Ehe gründete, wie so viele Beziehungen in jener Zeit, nicht auf Zuneigung oder gar Liebe, sondern auf Ökonomie und Vernunft. Es war ein Zweckbündnis. Er verdiente das Geld – sie besorgte den Haushalt. Und nun, als Karin kam, war die Familie komplett. Magda aber musste nun nicht mehr täglich ihr Kind sehen, das sie an die schwärzeste Stunde ihres Lebens, an diese unsägliche Demütigung erinnerte.

Erwin trug, ohne den Hintergrund zu kennen, Magdas Entscheidung mit. Er war von Natur aus kein Familienmensch. Er liebte seine Freiheit, ein Kind zu haben mochte er nicht. Es machte abhängig. Darum überwies er zu seiner Entlastung, also für seine Freiheit, jeden Monat einen bestimmten Teil des Familieneinkommens nach Görlitz. Damit betrachtete er seine Verpflichtung als erledigt. Ansonsten ging das Leben für ihn wie gewohnt weiter.

Veränderungen hatte es nur bei Magda gegeben. Der Juniorchef war inzwischen ins Büro seines Vaters eingezogen und saß auf dem Posten des Alten. Von Magda ließ er ab, denn mittlerweile war er ebenfalls verheiratet. Standesgemäß. Jetzt gebot er als Betriebsführer, wie das laut Verordnung seit 1934 hieß, über seine Gefolgschaft.

Die Oberin reißt Magda aus ihrer Tagträumerei. Die hatte nicht bemerkt, dass die Weißhaube an ihr Bett getreten war und sich zu ihr hinabbeugte. Mit gedämpfter Stimme, damit es die Nachbarbetten nicht hörten, erklärt sie, dass auf dem Flur ein Mann von der Polizei auf sie warte. Er wolle sich mit ihr unterhalten. Nur kurz, habe er gesagt.

Magda nickt und unternimmt sofort Anstalten, sich zu erheben.

Die Krankenschwester drückt sie ins Bett zurück. Sie solle warten, sagt sie, erst werde sie einen Morgenmantel holen. Das Nachthemd sei zu dünn für den kalten Flur.

Magda gehorcht.

Wenig später schlurft sie auf den Krankenhauslatschen hinaus. Im Gang sitzt ein ihr unbekannter

56

Mann. Als der sie wahrnimmt, erhebt er sich, geht auf sie zu und reicht ihr die Hand. Er sei von der Kriminalpolizei in Zittau, sagt er, Tuchowski sein Name, Oberkommissar Tuchowski. Sie wisse, warum er hier sei, fügt er der Vorstellung an.

Magda Konrad zögert mit der Antwort. Sie ist sich nicht im Klaren, ihre Erinnerung weist zu viele Löcher auf, weiße Stellen, gelöschte Bilder. Der unmittelbare Grund ihres Hierseins ist ihr nur vage bewusst, was kurz davor lag, befindet sich noch immer in undurchdringlichem Nebel. Nur das Langzeitgedächtnis scheint einigermaßen zu funktionieren.

»Frau Konrad, geht es Ihnen gut? Können wir miteinander reden? Nur kurz. Ich habe ein paar Fragen.« Der Oberkommissar lächelt verständnisvoll, er weiß um die aktuelle Befindlichkeit der Frau, die vor zwei Tagen erst dem Tod von der Schippe gesprungen ist. Das heißt: gesprungen ist sie ja nicht – ihre Schwester hatte ihr das Leben gerettet. Der Arzt, den er kurz vor diesem Gespräch konsultierte, hatte Tuchowski klargemacht: Die Patientin ist physisch gesund, psychisch aber vermutlich nicht. Wenn sich jemand umzubringen versucht, hat er tiefsitzende Probleme. Selbst in lausigen Zeiten wie diesen ist üblicherweise der Lebenswille stärker als das Bedürfnis aufzugeben. Tuchowski hatte daraufhin die Hand in die Höhe des Kopfes gehoben und gedreht, um seine Frage zu illustrieren: »Ist sie …?« Der Arzt war die Antwort schuldig geblieben. Das könne er nicht sagen, er sei nur Allgemeinmediziner.

Tuchowski mustert intensiv das schmale Gesicht der in einem abgeschabten, dünnen Klinikmantel vor ihm sitzenden Frau. Auch ohne aktuelle Blässe gäbe es keinen Anlass zu behaupten, sie sei hübsch oder irgendwie interessant. Die Frau ist gezeichnet, die Schrecken und die Not der letzten Jahre haben erkennbare Spuren in ihrem Gesicht hinterlassen.

Magda Konrads Blick irrlichtert durch den Flur, geht meist an Tuchowski vorbei. Dem Oberkommissar entgeht auch nicht, dass die Hände der Frau nach Halt und Beschäftigung suchen. Sie kneten einander, wischen imaginäre Fusseln vom Mantel, dann fummeln sie wieder an dessen Knopfleiste. Unablässig sind die Finger unterwegs.

»Warum haben Sie sich umbringen wollen?« Tuchowski fällt nun doch mit der Tür ins Haus. Er ist Kriminalist, kein Seelenklempner. Er hat einen Totschlag aufzuklären. Denn dass es sich um keinen Unfall handelte, hat er gestern auch schriftlich aus der Pathologie bestätigt bekommen.

Magda Konrad macht eine unbestimmte Handbewegung. Sie könne es nicht sagen, weil sie es nicht wisse. Ihr Blick trifft kurzzeitig auf den Blick von Tuchowski, und der verrät ihm: Es ist nicht so, dass die Frau sich nicht erinnern will, sie kann es nicht.

»Weshalb sind Sie am Samstag mit der Bahn nach Görlitz gefahren?«, versucht er ein Gespräch und vielleicht auch ihre Erinnerung in Gang zu bringen. Für Tuchowski ist Erinnerung wie ein dunkler, fensterloser Raum. Man muss nur den Schalter finden und das Licht anknipsen. Dann sieht man plötzlich alles, was den Augen bis soeben verborgen war. Er will dieser Frau helfen, den Schalter zu finden.

»Ich wollte, glaube ich, meine Tochter und meine Schwester besuchen.«

»Einfach so? Spontan? Oder hatten Sie Ihr Kommen angekündigt?«

Das wisse sie nicht mehr, erklärt Magda Konrad mit schwacher Stimme. Sie sei oft mit dem Zug nach Görlitz gefahren, seit das wieder möglich ist. Manchmal habe sie vorher auch eine Karte geschrieben. Oder einen Brief. »Warten Sie«, sagt sie plötzlich etwas lebhafter, als sei Tuchowski bereits auf dem Sprung und wolle sie verlassen. Augenscheinlich ist ihr etwas eingefallen, das sie für wichtig hält. Sie will ja gern Auskunft geben, sie verweigert sich ja nicht. Aber sie kann sich nicht erinnern. Dem Polizisten möchte sie gern helfen, um auch sich selbst zu helfen. Sie hofft, die Fehlstellen in ihrem Gedächtnis zu füllen, wenn er sie fragt.

»Der Zug fiel aus.«

»Welcher Zug?«, erkundigt sich der Oberkommissar.

»Na, mit dem ich am Freitagabend von Zittau nach Görlitz fahren wollte. Sie hatten keine Lokomotive oder keine Kohle, um den Kessel zu befeuern. Ich weiß es nicht mehr. Nur dass der Zug nicht fahren konnte. Das weiß ich noch.« Und schon fällt sie wieder in ihr Grübeln zurück. Sie glaubte bereits, das Ende des Fadens gefunden zu haben. Aber alles bleibt ein Knäuel.

Tuchowski schweigt und wartet. Nach einiger Zeit meldet er sich wieder. Er wechselt das Thema. Vielleicht kommt er auf anderem Wege weiter.

»Frau Konrad, wann haben Sie geheiratet? Wissen Sie noch, wie viele Jahre Sie mit Erwin zusammen waren?«

Die Frage führt zu keiner Veränderung in den Gesichtszügen. Ohne Regung sagt sie: »Es werden bald sechzehn Jahre sein. Wir haben 1932 geheiratet. Zwei Tage vor der Reichspräsidentenwahl. Die Straßen waren vollgeklebt mit Plakaten.«

Tuchowski ging in sich. Es hatte zwei Wahlen gegeben in dem Jahr. Im ersten Wahlgang verfehlte Hindenburg, der amtierende Reichspräsident, knapp die absolute Mehrheit. Im zweiten reichte die einfache Mehrheit. Die er auch bekam. Tuchowski konnte sich nur zu gut an diesen Tag erinnern. Was hatten sie gejubelt, dass der vierundachtzigjährige Ex-Generalfeldmarschall mehr Stimmen bekommen hatte als der Naziführer. Allerdings sollte der Drittplatzierte, dieser Thälmann, mit seiner Prognose recht behalten: Wer Hindenburg wählt, wählt Hitler. Und wer Hitler wählt, wählt den Krieg.

»Welche Wahl war es denn? Es gab eine Mitte März, und drei Wochen später die entscheidende.«

»Ich erinnere mich jetzt. Wir haben am 8. April 1932 geheiratet.« Ein leichtes Lächeln stiehlt sich in ihr Gesicht. Sie ist glücklich, dass sie sich an ihren Hochzeitstag erinnern kann.

»Das haut hin«, reagiert der Oberkommissar, dessen Gedächtnis präzise arbeitet. »Die Stichwahl war am 10. April. Frau Konrad, Sie haben in jenem Jahr auch eine Tochter bekommen …«

Sie nickt. »Ja, die Karin.«

»Sie lebt bei ihrer Schwester in Görlitz. Warum?«

»Karin ist ein großes Mädchen inzwischen. Sie geht zur Berufsschule.«

»Warum?«, wiederholt der Oberkommissar seine Frage. »Warum ist Karin bei Ihrer Schwester in Görlitz?«

Der Blick geht wieder nach innen. Sie wisse es nicht so genau, antwortet Magda Konrad. Und ist sich bewusst, dass sie die Unwahrheit sagt. Sie verschweigt die Vergewaltigung, an die sie durch das Kind täglich erinnert worden wäre, hätte sie es im Hause behalten. Frauen, die Opfer einer Vergewaltigung werden, tragen auch Schuld, so lautete die gängige Meinung damals. Sie haben den Kerl verführt, ihn gereizt, und der sei schließlich seinem Naturtrieb gefolgt. Was hätte er auch anders machen sollen, er konnte sich nicht wehren ... Magda kannte diese Vorhaltungen zur Genüge. Deshalb hat sie darüber nie mit anderen gesprochen. Außerdem hätte ihr Mann dann vielleicht erfahren, dass er nicht Karins leiblicher Vater ist. Die Folgen wären schmerzvoll gewesen. Es hätte wieder Schläge gesetzt.

Ja, Erwin schlug sie oft. Nicht gleich, aber schon bald, das fing wohl so um das siebte Ehejahr an, das man gemeinhin das verflixte nennt. In den ersten Jahren blättert der Lack, zieht Gewöhnung in alle Bereiche des Lebens ein. Auch in ihrer Beziehung ist das nicht anders gewesen. Erwin war schon bald wieder in seine früheren Gewohnheiten zurückgefallen. Sie spürte das am freizügigen Umgang mit den Kolleginnen im Betrieb, woraus sich mitunter intensivere Beziehungen entwickelten. Obgleich die Ehe nicht aus Liebe geschlossen worden war, hatte sich, als Kehrseite der Gewöhnung, so was wie Zuneigung und Nähe entwickelt. Daher störte es Magda zunehmend, dass Erwin sie betrog. Ging sie übers Betriebsgelände, glaubte sie manchmal Mitleid in den Augen einer anderen Frau zu entdecken. Die weiß also auch von Erwins Fremdgängerei, dachte sie dann. Vielleicht redete sie sich das auch nur ein, es schmerzte dennoch. Magda bemühte sich zunächst um ihren Mann. Doch ihr Werben und Buhlen verfing nicht. Die Spannungen nahmen stetig zu. Bis eben zu jenem ersten Schlag ins Gesicht. Die Wucht, in der die Wut von Monaten, vielleicht Jahren steckte, schleuderte sie zu Boden. Blut floss ihr aus Nase und Mund. Erwin war selbst erschrocken. Er hatte sich zu ihr gebeugt, ihr aufgeholfen und sich entschuldigt. In den folgenden Monaten verhielt er sich, nun ja, rücksichtsvoll. Und es schien, er habe von seinem Laster gelassen. Dann kam der Krieg. Und je länger er dauerte, desto größer war die Sorge, dass Erwin für k. v. erklärt werden würde, »kriegsverwendungsfähig«. Was wiederum seinen Lebenshunger steigerte. Bevor er zum Sterben an die Front geschickt wurde, wollte er alles mitnehmen, was noch an irdischen Freuden mitzunehmen war. Nahezu exzessiv. Nicht einmal vor den Ostarbeiterinnen machte er halt. Das war zwar untersagt, doch Franz Kronbach, der Betriebsführer mit dem Goldenen Parteiabzeichen, sorgte dafür, dass bei seinem besten Hengst im Stall – und dies war nun fast wörtlich zu verstehen – alle Augen zugedrückt wurden. Der Grund war derselbe wie der für die Anwesenheit der Frauen aus Polen und der Sowjetunion: Die Arbeitskraft der zur Wehrmacht eingezogenen Männer musste erhalten werden. Da Erwin Konrad nicht einfach ersetzt werden konnte, wurde er bei jeder neuen Anforderung für u. k. erklärt, »unabkömmlich«.

Die Arbeiterinnen aus dem Osten waren auch in diesem Zittauer Betrieb Freiwild und rechtlos. Man machte sie mit blanker Gewalt, aber auch mit Lebensmitteln und kleinen Vergünstigungen gefügig. Wurden sie jedoch schwanger, schob man sie ab – was immer das bedeutete. Und es kamen neue Frauen aus den be- setzten Gebieten. Erwin Konrad war Hahn im Korb, ihm schwoll nicht nur der Kamm, wenn slawisches »Frischfleisch« geliefert wurde.

Wenn Magda ihn zur Rede stellte, reagierte er ab- weisend, dann lauter, und irgendwann kamen auch die Schläge zurück. Seine Aggressivität korrespondierte mit dem Frontverlauf. Je näher der Krieg rückte, die Lage im Land sich verschlechterte, desto gereizter wurde er. Am Ende schien ihm jedoch alles egal, er ka- pitulierte wie das Reich. Der Betrieb war dicht, die Ma- schinen wurden demontiert und gingen als Reparations- gut in die Sowjetunion. Erwin verlor die Arbeit, wurde von der Besatzungsmacht zum Aufräumen abkomman- diert, nachdem er einen Persilschein erhalten hatte. Er war weder Mitglied der NSDAP noch einer ihrer Gliederungen gewesen, und die von ihm missbrauchten Ostarbeiterinnen waren längst in ihre Heimat zurück- gekehrt. Das zählte nicht. Magda bezweifelte ohnehin, dass auch nur eine gegen ihn ausgesagt oder ihn bei den Russen angeschwärzt hätte. Sie kannte schließ- lich ihren Mann. Ein brutaler Vergewaltiger war er bestimmt nicht. Da unterschied er sich von Kronbach, der sich beizeiten in die Westzone abgesetzt hatte …

»Frau Konrad, hallo.« Oberkommissar Tuchowski be- wegt die Hand vor ihren Augen, um sich nach der langen Pause wieder in Erinnerung zu bringen. »Ich hatte Sie gefragt, warum Ihre Tochter Karin bei ihrer Tante in Görlitz aufgewachsen ist und nicht bei ihren Eltern in Zittau?«

Sie schreckt auf. »Ach, das ist eine lange Geschichte, die wollen Sie nicht hören.«

»Doch«, sagt Tuchowski, »wenn sie zur Wahrheits-findung beiträgt, interessiert sie mich durchaus. Dazu bin ich ja hier.«

»Das will ich Sie schon seit Beginn unseres Gesprä-ches fragen: Warum sind Sie eigentlich hier?« Plötzlich scheint Magda Konrad wie ausgewechselt. Als kehre sie ins Leben zurück. Sie blickt Tuchowski an, mustert ihn neugierig, schaut ihm in die dunkelbraunen Augen unter den buschigen Brauen. »Warum sind Sie zu mir gekommen?«

Der Oberkommissar zögert. Soll er ihr reinen Wein einschenken oder eine weitere Schleife drehen? Ist diese Frau inzwischen wieder ganz Herr ihrer Sinne, oder handelt es sich nur um ein kurzes Aufflackern? Er ist unschlüssig, räuspert sich, greift ohne Grund nach der neben ihm stehenden Ledertasche, rückt sie wenige Zentimeter beiseite. Hüstelt wieder. Dann entschließt er sich zum Frontalangriff.

»Frau Konrad: Ihr Mann ist tot!«

Ohne jegliche Veränderung der Gesichtszüge, ab-solut teilnahmslos nimmt die Frau diese Nachricht hin. Die meisten Menschen, denen Tuchowski eine sol-che Meldung überbrachte, zeigten Schmerz, Trauer, Wut in irgendeiner Form. Manchmal löste seine Bot-schaft sogar Befriedigung oder Genugtuung aus. Aber völlige Teilnahmslosigkeit hatte er noch nie erlebt. Hat sie ihn nicht verstanden? Er wiederholt seinen Satz.

Magda Konrad blickt in unbestimmte Ferne, kein Wimpernschlag, keine Träne. Nichts.

Nach scheinbar unendlich langer Zeit kommt es ohne jede Schwingung aus einem schmallippigen Mund: »Wann?«

Sie fragt nicht, wie er zu Tode gekommen ist. Nicht, wo und auf welche Weise. Sie fragt nach dem Zeitpunkt.

Tuchowski ist sich sofort im Klaren, was das bedeutet. Die Frau versucht ihre bruchstückhafte Erinnerung an die eigenen zeitlichen Abläufe ins Verhältnis zu setzen mit dem, was sie soeben erfahren hat. Augenscheinlich löste die Nachricht vom Tod einen Impuls aus.

»Wir gehen davon aus, dass es am Samstagmorgen geschehen sein könnte.«

Nun müsste eigentlich die Frage nach der Art seines Ablebens folgen. Doch die bleibt aus. Das wertet Tuchowski als Indiz, dass die Frau es weiß oder zumindest ahnt. Das herauszufinden ist ja der Grund seiner Dienstreise nach Görlitz. Jetzt erst beginnt er darüber nachzudenken, was er machen würde, wenn sie gesteht – hier, im Krankenhaus, nach einem Suizidversuch? Theoretisch müsste er sie verhaften. Praktisch eher nicht. Besteht Fluchtgefahr? Würde sie erneut versuchen, sich umzubringen? Legte sie Hand an sich, wäre der Fall für ihn erledigt. Doch könne er das wollen, auf diese Weise eine Mordermittlung abzuschließen?

Auch ohne die Hintergründe zu kennen, drängt immer mehr Mitleid mit dieser verhuschten Person in Tuchowskis Blick.

Der Oberkommissar fügt nach einer Weile an: »Ihr Mann wurde am Samstagvormittag in Ihrer Wohnung tot aufgefunden. Erschlagen. Mit einem stumpfen Gegenstand, vermutlich mit einem Beil. Das lag neben dem Bett. Und obendrein erdrosselt. Die Gerichtsmediziner meinen, der Strick war die eigentliche Mordwaffe.«

Hinter ihrer Stirn arbeitet es. Tuchowski kann es sehen, wie die Gedanken her und hin eilen, wie sie durchs Hirn schießen, sich sortieren. Ihr scheint es zu dämmern. Soll er sie fragen, ob sie sich erinnere? Er unterlässt es. Und wartet, dass sie sich von allein äußert. Er würde erst nachhelfen, wenn sie länger schwiege als er es für zulässig und zumutbar hielte.

Sein Magen knurrt. Das tut er immer. Aber in dieser Stille merken es auch andere. Magda, die vermutliche Mörderin, lächelt. Es ist die erste Regung, die Tuchowski bei ihr beobachtet. Er verzieht sein Gesicht, als wolle er sich entschuldigen. Das Geräusch, das sein Inneres erzeugt hat, ist ihm erkennbar unangenehm. Natürlich ist sein Reflex albern. Fast alle Menschen schieben heutzutage Kohldampf, bei jedem meldet sich der leere Magen vernehmlich. Bei dem einen lauter, bei der anderen weniger laut. Hungrig sind sie alle.

Sie schweigt noch immer. Aber langsam lichtet sich in ihrem Kopf der Nebel, Bruchstücke fügen sich zu Bildern. Ja, sie hat nach der Axt gegriffen und zugeschlagen. Warum? Was war da vorher? Es muss doch einen Grund gegeben haben, dass sie sich völlig vergaß – den sie nun aber völlig vergessen hat. Sie war am Abend zuvor zum Bahnhof gegangen. Mit dem Koffer. Richtig, sie hatte sich den Samstag freigenommen, um nach Görlitz zu fahren. Im überfüllten Wartesaal harrte sie ewig aus, der Zug kam nicht oder fuhr nicht los, egal, sie musste in dieser zugigen, lärmenden Halle warten. Dann kam die Durchsage. Verärgert hatte sie ihr Vulkanköfferchen gegriffen und sich auf den Heimweg gemacht. Erst am Samstagmorgen sollte wieder ein Zug nach Görlitz fahren.

Sie war in die Wohnung zurückgekehrt, hatte die Tür aufgeschlossen und war in den Flur getreten. Sofort spürte sie, das etwas nicht stimmte. Sie knipste das Licht an. An der Garderobe hing ein Mantel, den sie nicht kannte. Ein starker Veilchenduft wehte ihr entgegen.

Magda stellte den Koffer neben die Garderobe, wickelte sich aus ihrem Mantel und hängte ihn auf. Durch die Schlafzimmertür drang lautes Stöhnen, das in spitze Schreie überging. Das Bett quietschte beträchtlich.

Wütend stieß sie die Tür auf. Sie sagte nichts, baute sich drohend im Türrahmen auf. Erwin nahm sie sofort wahr und schob die auf ihm liegende Frau beiseite. Jetzt bemerkte auch die den Grund für seinen Reflex. Und Magda sah das Gesicht der jungen Frau. Gewiss so ein Backfisch vom Theater, durchaus ansehnlich. Sie neidete ihr die straffen Brüste, die sich kaum bewegten, als sie unter der Bettdecke hervorsprang, ihre Sachen ergriff und aus dem Zimmer lief. Dabei musste sie an Magda vorbei und nuschelte etwas, was wie »'tschuldigung« klang.

Magda warf die Tür hinter ihr zu.

»Wieso bist du hier?«, rief Erwin verärgert. »Du wolltest doch zu deiner Schwester fahren.«

Magda reagierte darauf nicht. Sie machte ein paar Schritte in Richtung Schlafstatt und fragte erstaunlich ruhig, warum er ausgerechnet das Ehebett für seinen Ehebruch benutzen musste.

»Ehebruch?!«, hatte darauf Erwin gehöhnt. »Die Ehe liegt doch schon lange in Scherben, da muss man nichts brechen.«

»Dass du schon immer mit jungem Gemüse und alten Schachteln rummachst, weiß ich. Aber dass du sie in unsere Wohnung schleppst, ist neu.«

Erwin Konrad lacht lauthals. »Macht das einen Unterschied, wo man eine flachlegt? Hauptsache, es macht Spaß.« Er richtet sich im Bett auf, zieht aber sofort die Bettdecke bis zum Kinn hinauf. Es ist kalt. Draußen fällt die Wohnungstür ins Schloss.

»Wer war sie?«

»Keine Ahnung. Irgendeine von diesen blauäugigen Dorfstrunzen, die in der Stadt Karriere machen wollen. Für eine Theaterrolle machen sie mehr als nur die Beine breit ...«

»Was bist du doch für eine erbärmliche Drecksau!« Magda Konrad spürt, dass in ihr der Blutdruck steigt. Es ist nicht die Wut einer betrogenen Ehefrau, sondern wie sich der Kerl über das Mädchen äußert. Natürlich hat die junge Frau Erwin den Seitensprung ermöglicht, doch sie ist auch eine Geschlechtsgenossin. Wenn Erwin sie herabwürdigt, trifft er auch Magda.

Erwin spielt Heiterkeit, er prustet und lacht. »Schau dich doch mal an. Alt und hässlich, trocken wie die Sahara ... Ich habe deinen neidischen Blick gesehen, als die Schnecke aus dem Bett gesprungen ist.« Er wickelt sich in die Bettdecke, sein Blick triumphiert. Das hat gesessen!

Doch Magda kapituliert nicht. »Du mieses Stück Scheiße«, ruft sie, während sie wütend das Bettzeug zusammenrafft. Sie wird auf dem Sofa nebenan schlafen. Keinen Tag länger will sie das Bett mit diesem Kerl teilen.

In der Nacht bekommt sie kein Auge zu. Das Schnarchen ihres Mannes dringt durch Tür und Wände. Vielleicht sollte sie sich doch scheiden lassen, denkt sie. Zumindest ausziehen. Doch wo will sie hin? In der Stadt ist keine Wohnung frei. Nach Görlitz zur Schwester? Auch kein Platz. Und bekäme sie dort überhaupt Arbeit? Ganz wegziehen? Allein in der Fremde? Nein, das traut sie sich nun doch nicht zu, so mutig ist sie nicht.

Der Schlaf übermannt sie. Er währt nicht lange, dann ist sie wieder wach. Die Grübelei beginnt von vorn. Sie wälzt sich von der einen auf die andere Seite, zwischendurch schaut sie auf den Wecker, den sie neben das Sofa gestellt hat, um den Zug nicht zu verpassen. Gehen oder bleiben, Schluss machen oder sich arrangieren? Reparieren lässt sich da nichts mehr. Das Vertrauen ist dahin, die Liebe schon lange – sofern es jemals Liebe war, was sie mit Erwin verbunden hatte.

Dann plötzlich steigen Schuldgefühle in ihr auf. Sie macht sich Vorhaltungen. Vielleicht ist sie ja nicht ganz schuldlos daran, dass er sich anderen Frauen in die Arme wirft, denkt sie. Eventuell hätte sie mehr auf ihr Aussehen achten sollen, nicht immer nur Nein sagen dürfen, wenn er sie in der Küche bedrängte oder in ihren Teil des Ehebetts herüberrutschte.

Sie wischt diesen albernen Gedanken beiseite. Ist doch Quatsch. Er hätte es trotzdem mit anderen getrieben. Für ihn existieren keine moralischen Grenzen, er war und bleibt ein Egoist, der nur auf den eigenen Nabel und seinen Schwanz starrt.

Am Morgen wacht sie wie gerädert auf. Nach der Morgentoilette geht sie in die Küche und trennt mit dem Beil einige Späne vom Holzscheit, mit denen sie

Feuer im Herd macht. Sobald das Papier und die Späne lodern, legt sie Holz nach. Sie will, bevor sie das Haus verlässt, noch eine Tasse Muckefuck trinken. Der Kaffeeersatz aus Wurzelzichorie und Getreideschrot schmeckt schrecklich, aber es gibt derzeit nichts anderes.

Während das Wasser auf dem Herd kocht, hört sie Erwin nebenan rumoren.

»Frau Konrad, was passierte dann am Samstagmorgen?« Tuchowskis eindringliche Stimme reißt sie erneut aus ihren Erinnerungen. Sie zuckt zusammen.

»Sie sind schreckhaft.«

»Nicht unbedingt. Ich hab nur versucht, mich zu erinnern. Das ist, als wäre man von Dunkelheit umgeben und versucht in der Finsternis etwas zu erkennen, konzentriert sich – und plötzlich ruft einer: He, hallo, hören Sie mich!«

Tuchowski nickt verständnisvoll.

»Und, haben Sie etwas in der Umnachtung erkannt, bevor ich gerufen habe?«

»Ich war dicht dran. Konnte mich erinnern, wie ich in der Küche den Herd angefeuert habe und Kaffee kochen wollte.«

»Kaffee?«

Sie winkt ab. »Natürlich keinen Kaffee. Wo gibt es den denn? Ich machte also Wasser heiß, zerkleinerte die trockenen Äste … Wir haben neben dem Küchenherd so einen kleinen Hackklotz stehen, auf dem wir das Holz auf Herdlochgröße bringen. Also das, was wir draußen eingesammelt haben. Holz bringt schnell Wärme, die hält aber nicht lange vor.«

Wem sagt sie das. Tuchowski schlägt sich im dritten Nachkriegswinter mit den gleichen Problemen herum wie alle anderen auch.

Sie überlegt. »Ich hatte noch das Beil in der Hand, als ich Erwin rufen hörte. Ja, er rief nach mir. Wahrscheinlich hatte meine Hackerei ihn geweckt.« Sie hält inne. Sinniert. »Erwin rief, und ich ging ins Schlafzimmer.«

Als wolle sie sich vergewissern, schaut sie auf ihren rechten Arm. »Stimmt, ich hatte noch das Beil in der Hand ... Ich ging über den Flur ins Schlafzimmer. Die Lampe auf dem Nachttisch brannte. Erwin lag im Bett. Warum ich solchen Lärm mache, blubberte er verschlafen. Und: Warum ich noch hier sei. Weil es auch meine Wohnung ist, gab ich verärgert zurück. Ich soll mich verpissen, darauf er. Ich gehe, wenn ich gehe, antworte ich, da muss ich ihn nicht fragen. ›Nee‹, giftete er zurück, ›ich entscheide, wann du abzuhauen hast. Und ich sage: jetzt, augenblicklich, sofort!‹ Das brüllte er fast. Ich hatte so einen Verdacht, den ich ihm an den Kopf warf. Ob er sich mit einem seiner vielen Flittchen verabredet hat, schrie ich. ›Gestern die eine, und heute eine andere. Das Bett ist noch warm.‹ Da lachte er höhnisch. Ja, genau, so sei es. Darum soll ich mich endlich vom Acker machen und nicht auch noch die vergraulen. Und dabei grinste er. Das Licht vom Nachttisch erhellte die eine Seite seines Gesichts. Eine Fratze. Wie ich diese Fresse hasse ...«

»Er hat sie also wütend gemacht. Sie gereizt.«

»Bis aufs Blut. So sagt man ja.«

Nach einer Pause nimmt sie den Erinnerungsfaden wieder auf. Plötzlich ist alles wieder da, was bis vor wenigen Minuten weg war. Scheinbar aus dem

Gedächtnis gelöscht. Jetzt läuft der Film ohne Pause, ohne zu ruckeln, ohne Fehlstellen und Aussetzer. Magda Konrad ist selbst verwundert.

»Erwin wurde immer ausfallender. Ersparen Sie mir zu wiederholen, was er mir alles an den Kopf warf. Es war einfach säuisch. Ich ertrug es nicht. Und schlug zu. Er sollte nur still sein. Ich haute mit dem Beil auf sein großes Maul. Wieder und wieder. Ich war rasend vor Wut und voller Ekel. Ich wollte nichts mehr aus diesem Mund hören. Nie wieder.«

Sie hält inne. Augenscheinlich wird sie sich jetzt erst bewusst, was sie getan hat.

»Und warum die Wäscheleine?«

»Welche Wäscheleine?« Magda Konrad schaut den Oberkommissar fragend an.

»Mit der er erdrosselt wurde.«

»War er nicht tot durch die Schläge mit dem Beil?«

Tuchowski schüttelt den Kopf. »Der Gerichtsmediziner sagt, ihr Mann habe noch gelebt, als er mit dem Strick stranguliert wurde.«

»Macht das einen Unterschied?«

»Nein, macht es nicht. Allenfalls wenn nicht Sie, sondern ein anderer die Schlinge zugezogen hat.«

Magda Konrads Gesicht ist ein Fragezeichen. Sie könne sich an einen Strick nicht erinnern, lediglich daran, dass sie immer wieder mit dem Beil auf den Kopf ihres Mannes eingeschlagen habe. Sie sei wie von Sinnen gewesen. Danach reißt der Film. Aber sie bezweifle nicht, dass sie Erwin auch einen Strick um den Hals gelegt und zugezogen haben muss, wenn der Oberkommissar es sage. »Wer denn sonst? Es war niemand anderes in der Wohnung.«

Tuchowski nickt. »Und wenn es ein anderer gewesen wäre: Was sollte dieser Jemand für ein Motiv gehabt haben, einen halbtot geschlagenen Mann zu erdrosseln? Das ist doch völlig absurd.«

Er legt seine Hand auf ihren Unterarm. Fast väterlich tröstend. »Und deshalb wollten Sie nun auch sterben?«

Tuchowski wiegt den Kopf bedenklich hin und her. »Das war doch dieser Mann nicht wert, dass Sie auch noch Ihr Leben seinetwegen wegwerfen. Es reicht doch schon, dass sie sechzehn Lebensjahre weggeworfen haben. Sie haben bereits genug gezahlt. Das muss nun wirklich nicht auch noch sein.«

»Und lebenslang hinter Gittern? Das ist doch auch nichts.«

Tuchowski schüttelt den Kopf. Einspruch, sagt er, das glaube er nicht. Die Tat erfolgte im Affekt. Er bezweifle nicht, dass sich alles so zugetragen habe, wie von ihr geschildert, und auch der Richter werde ihr gewiss Glauben schenken und seine Schlüsse daraus ziehen.

»Aber nun?«

Der Oberkommissar kratzt sich am Hinterkopf. Er werde mit dem Arzt sprechen, ob er sie mit nach Zittau nehmen könne. »Und dann, naja, das müssen Sie auch verstehen, kommen Sie in Untersuchungshaft. Sobald die Ermittlungen abgeschlossen sind, wird Anklage erhoben und ein Urteil gesprochen. Was am Ende dabei herauskommt: Auf hoher See und vor Gericht ruht man in Gottes Hand ...« Tuchowski dreht die Handflächen gen Himmel.

»Ich hoffe, dass es im Knast wenigstens geheizt ist und es ausreichend zu essen gibt«, sagt Magda Konrad sarkastisch und gibt damit zu erkennen, dass sie sich in ihr Schicksal fügt.

*

Im Juli 1948 findet vor dem Schwurgericht in Bautzen die Verhandlung statt. Die Verteidigung hatte ihre Strategie auf die Schuldunfähigkeit der Mandantin abgestellt und eine Psychologin aus Großschweidnitz um die Abgabe eines medizinischen Gutachtens gebeten. Dem Antrag war der Richter gefolgt. Wider Erwarten hatte die Sachverständige jedoch erklärt, dass die Angeklagte keineswegs unzurechnungsfähig sei, schränkte aber ein, dass zum Zeitpunkt der Tat »mit großer Wahrscheinlichkeit« eine Bewusstseinsstörung vorgelegen habe, die klares Denken ausschloss.

Nachdem in der Beweisaufnahme die Ehe der Konrads und das Verhalten des Ermordeten detailliert behandelt, also die psychischen Abgründe ausgeleuchtet worden waren, verzichtete Staatsanwalt Lauterbach auf die Formulierung eines konkreten Strafmaßes. Er überließ dem Gericht nicht nur die Entscheidung über das Urteil, sondern auch über die Dauer der Haft.

Wegen Totschlags wurde Magda Konrad zu einer Haftstrafe von einem Jahr und zwei Monaten verurteilt, die Untersuchungshaft, in der sie sich seit dem 6. Januar befand, wurde angerechnet. Der Amtsgerichtsdirektor begründete das Urteil mit dem Verhalten des Opfers, das seine Frau jahrelang gedemütigt und unterdrückt habe. Am 3. Januar 1948 sei das Fass übergelaufen. Der Richter sah ausreichende Gründe, die ihn zu diesem milden Urteil veranlasst hatten.

Ein Journalist, der über den Prozess in der Lokalpresse berichtete, kommentierte Verfahren und Urteil ein wenig engstirnig und vielleicht auch auf sich selbst bezogen: Wer oft fremd geht, gefährdet sein Leben.

Der Tote auf dem Friedhof

Obgwohl der Kalender bereits den Frühling vermeldet, liegt Schnee. Er ist frisch gefallen wie die Temperaturen, die nun unter Null sind. Nicht ungewöhnlich für das Weberdorf unweit der Grenze zur Tschechoslowakei, auf halbem Wege zwischen Zittau und Löbau gelegen und in fast vierhundert Metern Höhe. Die vielen Umgebindehäuser erinnern an die hohe Zeit, als hier gewebt und mit Leinwand gehandelt wurde. Das ist Geschichte und über hundert Jahre her, als Eibau zu den führenden Weberdörfern in der Oberlausitz zählte.

Wie immer am Samstag machen sich Elfriede Krawuschke und Ilse Apelt auf, um die Gräber ihrer Ahnen zu pflegen. Die liegen auf dem Gottesacker zu Füßen der Kirche, die mitten im Ort thront. Ein wuchtiges Bauwerk, seinerzeit vermutlich auf Zuwachs gebaut. Das alte Gotteshaus aus dem 13. Jahrhundert hatte man wegen Baufälligkeit abgerissen und dieses zu Beginn des 18. in nur vier Jahren neu errichtet. Es bietet 1700 Kirchgängern auf drei umlaufenden Emporen und im Kirchenschiff Platz, was erkennbar übertrieben ist:

Der ganze Ort zählt gegenwärtig keine zweieinhalbtausend Einwohner. Damals waren es nicht mehr, und dass es je wieder mehr werden könnten, ist nicht anzunehmen. Die Oberlausitz schiebt sich als Zipfel ins Tschechische, ein sächsischer Blinddarm sozusagen, der nicht unbedingt im Zentrum der wirtschaftlichen Überlegungen der fernen Bezirksstadt Dresden steht.

Elfriede und Ilse stapfen durch den Schnee. In den Beuteln, die an ihrer Seite schwingen, sind Handfeger und Schippchen verstaut. Mit den Handfegern werden sie die Grabsteine und Umrandungen vom Schnee befreien, die Schippchen haben sie immer dabei, auch wenn sie diese ganz gewiss nicht zum Einsatz bringen werden. Es ist noch zu früh für die Stiefmütterchen, auch wenn der Kalender bereits den 27. März zeigt. Der neuerliche Wintereinbruch und die Tatsache, dass heute Karsamstag ist, kommen allerdings nicht gegen die Gewohnheit an.

Die beiden Frauen öffnen das Tor in der Mauer. Ein Bogen wölbt sich über das Metallgatter. Dieser nimmt gleichsam die Schwingen auf, die zum Schutz über die ganz alten Grabsteine an der Friedhofsmauer gezogen sind, er gleicht den Bögen, die sich in den Erdgeschossen der Umgebindehäuser zeigen. Die beiden Frauen haben für dieses architektonische Element kein Auge. Die Bögen waren schon immer da, solange die Frauen hier wohnen. Die Ägypter, die am Fuße der Pyramiden leben, wundern sich auch, dass so viele Menschen diese Steinhaufen sehen wollen und dafür um die ganze Welt reisen.

Allerdings kommt niemand nach Eibau in die Oberlausitz, um die Bögen und Schwingen in Holz oder Stein

Eibau mit Kirche auf einer zeitgenössischen Postkarte

zu besichtigen. Jene, die hierher zurückkehren, sind hier geboren und aufgewachsen. Sie folgen der Stimme des Blutes, sagen die Alten. Als wenn denn Blut sprechen könnte und jenem sagte, durch dessen Adern es fließt: Kehre zu deinen Wurzeln zurück, wohin du gehörst. »Get back to where you once belonged« wird eine britische Musikgruppe singen, die augenblicklich – man schreibt das Jahr 1964 – weltweit für Furore sorgt. Elfriede Krawuschke und Ilse Apelt haben davon noch nichts gehört.

Sie betreten den Friedhof, wie die Vorfahren es seit Jahrhunderten hielten. Deren Namen stehen in den Büchern im Pfarramt nebenan. Säuberlich mit Federkiel und später mit Stahlfedern geführt, Geburt, Taufe, Konfirmation, Hochzeit, Kindtaufe, Heimgang … So ist der Lauf der Welt.

Die beiden Alten in ihren langen, dunklen Gewändern wandern auf dem Weg an der Mauer entlang. Sie schweigen. Wozu reden? Alles ist bereits gesagt, was es zum Tage mitzuteilen gab. Die Kinder, die Enkel, das Wetter und was Mittag auf den Tisch kommen wird. Vielleicht noch ein wenig Dorftratsch. Wer mit wem gesehen wurde und wo sich Nachwuchs andeutet. Und der Frieda geht es auch nicht gut. Soso, naja.

Auf einmal stoppt Ilse ihren Schritt und greift nach Elfriedes Arm. »Da, schau mal, da liegt doch einer!«

Elfriede hebt den Blick in die Richtung, in die Ilses Finger weist.

»Ja. Da liegt einer.«

Die beiden treten neben den Weg und zwischen die Gräber. An der Mauer, halb sitzend, halb liegend, lehnt ein Mann. Der Schnee um ihn ist rot gefärbt, auch an der Mauer scheint Blut zu kleben. Sein Haupt neigt zur Seite, der Hinterkopf ist blutig.

»Du, das ist doch der Kleinert.«

»Ja, ich meine auch, dass das der Norbert ist.«

»Ist er tot?«

»Ich glaube schon. Guck mal, der ist ganz blass und bewegt sich nicht.«

»Was macht der hier überhaupt?«, fragt Elfriede und bekommt keine Antwort. Woher soll Ilse das auch wissen? Sie ist schließlich ebenso überrascht. Erschrocken sind sie aber beide nicht. Auf dem Lande ist der Tod so normal wie das Leben. Menschen und Tiere werden geboren, leben eine Zeit und gehen dann wieder. Die Tiere werden zu Wurst und Schinken, die Menschen zu Staub und Asche. Das steht schon im Ersten Buch Mose: »Denn du bist Erde und sollst zu Erde werden.«

Ilse sagt, es wäre vielleicht angezeigt, den Herrn Pfarrer zu holen. Der könne dann entscheiden, was man machen müsse. Schließlich ist er nicht nur für die lebenden Mitglieder der Gemeinde zuständig, sondern auch für die Dahingegangenen.

»Oder sollen wir zur Polizei gehen?«

»Zum ABV? Der dicke Schröder ist doch bestimmt zum Jagen. Er ist doch immer am Wochenende unterwegs. Erst recht zu Ostern. Nee, nee«, sagt Elfriede und schüttelt ihr Haupt, dass sich die grauen Haare, die unter ihrem Kopftuch hervorquellen, bewegen. »Lass uns mal ins Pfarrhaus gehen.«

Die Frauen eilen den Weg zurück, den sie gekommen waren. Ihr Gang ist um einiges schneller als vordem, denn Ungewöhnliches gilt es zu berichten. Nachrichten wie diese bedürfen einer eiligen Verbreitung. Gestorben wird zwar immer, aber doch nicht auf so ungewöhnliche Weise und an diesem Ort. Auf dem Gottesacker. Als habe sich der liebe Gott einen Scherz erlaubt und gemeint, da sei der letzte Gang nicht mehr so weit. Aber ist der Herrgott überhaupt zu solchen Scherzen fähig?

Wenig später klingeln Elfriede Krawuschke und Ilse Apelt an der Pforte des Pfarrhauses.

Der Pastor wirft sofort seine Gottesdienstvorbereitung beiseite und sich den Mantel über. Bevor er Alarm schlägt und die Polizei anruft, will er sich selbst ein Bild machen. Der Gottesmann, auf die Fünfzig zugehend und gut im Futter stehend, folgt den beiden Frauen. Der Atem geht ihm schon nach wenigen Metern kurz, und die Wangen färben sich rot wie die Nase. Die hat diese Farbe immer, was wohl vom Wein herrührt, der nach dem Abendmahl übrigbleibt. Er korkt jedes Mal eine Flasche zu viel auf, wenn er den Kelch füllt. Es kommen immer weniger Schäfchen zum Abendmahlsgottesdienst. Das Blut Christi gießt er anschließend nicht in die Spüle, das wäre Gottesfrevel, sondern sich lieber ins Glas und leert dieses zum Wohlgefallen des himmlischen Herrschers. Und natürlich auch zu seinem eigenen.

Der Herr Pfarrer ist auch sonst ein guter Hirte. Er lebt gottgefällig und fällt nicht auf, die Genossen in der Kreisstadt Löbau haben mit ihm keine Probleme, und er nicht mit ihnen. Man lässt sich gegenseitig in Ruhe und lebt nach dem biblischen Grundsatz aus dem Matthäus-Evangelium: »Gebt dem Kaiser, was des Kaisers ist, und Gott, was Gottes ist.« Was die Pharisäer im Westen sagen oder fordern, interessiert den Pastor in Eibau nicht. Und die drübigen Brüder und Schwestern interessieren sich auch nicht sonderlich dafür, was in der Oberlausitz geschieht. Nicht mal für die Herrnhuter Brüdergemeine, wo die Nachfahren der rebellischen Hussiten wohnen und aus Papier Weihnachtssterne falten. Die aus Mähren vertriebenen Glaubensflüchtlinge ließen sich nebenan auf dem Gut des Grafen Zinzendorf nieder in jener Zeit, als eben dieses Gotteshaus in Eibau errichtet worden war. Ach, der Herr Pfarrer kennt sich aus in der Geschichte, die er gänzlich unideologisch hütet, was den Ideologen der Obrigkeit auch gefällt: Eine unpolitische Interpretation der Vergangenheit ist allemal besser als deren politische Instrumentalisierung. So kommen denn der Mann Gottes und die Männer der Partei gut miteinander klar, auch wenn der Herr Pfarrer gelegentlich die Nase rümpft, wie etwa jüngst, als er in der Kreisstadt weilte: Da hing doch auf dem Platz der Befreiung, der bis vor wenigen Jahren – und dies schon seit Jahrhunderten – der Altmarkt von Löbau war, ein Transparent, mit dem auf einen Jahrestag hingewiesen wurde, welcher erst in zwei Jahren anstand. Es spannte sich quadratmetergroß vor dem Laden von Hermann Kutschke, der mit Obst, Sämereien und Lebensmittel handelt. Und darauf las er: »Unter der Führung der SED siegten in der DDR die Ideen des Friedens, der Demokratie, des Humanismus sowie der Freundschaft mit allen Völkern.« Sein Missmut galt einzig dem militanten Verb, denn gegen alles andere hatte er nichts einzuwenden. Hoffentlich siegt ihr euch eines Tages nicht zu Tode, dachte der Pfarrer, und eilte kopfschüttelnd weiter hinüber ins Rathaus.

Inzwischen hat die Troika die Mauer erreicht, an der der Tote lehnt.

»Das ist der Norbert Kleinert«, sagt Ilse. Und sie sagt es nicht zum ersten Male in dieser Morgenstunde.

Der Pfarrer nickt. Ja, er kennt den jungen Mann, auch wenn er ihn seit der Konfirmation, und die liegt nun wohl auch schon wieder ein Jahrzehnt zurück, nicht mehr in der Kirche gesehen habe. Er fotografiert mit seinen Augen den Lockenkopf, ein hübscher Bursche auch als Toter. Warum er keine Frau gefunden hatte, versteht er nicht. Hat wohl keiner verstanden. So wie der aussah. In seinem Alter ist man hier längst verheiratet und hat schon zwei Kinder. Mindestens.

Der Pfarrer geht in die Knie. Das geht noch. In der Hocke ist er in Augenhöhe mit dem Toten. Dessen Blick geht starr. Der Pfarrer versucht die Lider zu schließen, indem er mit der Hand über das Gesicht streicht. Doch der Frost ist bereits ins Augenwasser gedrungen und verhindert dies. Dann richtet er sich wieder auf. Seine Leibesfülle macht ihm zu schaffen, weshalb er dankbar die Hand von Elfriede ergreift, die ihm aufhilft.

Auf dem Friedhof von Eibau, Aufnahme von 2022

»Tja«, sagt er, »da müssen wir wohl die Polizei benachrichtigen. Für diesen Toten sind die irdischen, nicht die himmlischen Mächte zuständig.«

»Sollen wir mitkommen oder hierbleiben?«, erkundigt sich Ilse, gleichermaßen getrieben von Neugier wie von Verantwortung.

Der Pfarrer winkt ab, das Telefonat könne er durchaus allein führen. Sie könnten so lange den Tatort sichern, bis die Polizei kommt.

Elfriede, die augenscheinlich praktischer denkt, wirft ein: »Wer macht daheim das Essen? Ehe die Polizei aus Löbau hier ist, vergeht mehr als eine Stunde. Herr Pfarrer, verschließen Sie das Friedhofstor. Das ist am sichersten. Und wenn die Polizei uns braucht … Sie wissen, wo man uns findet.«

Elfriede Krawuschke ist auch die Hellere der beiden und kennt sich im Polizeigeschäft ein wenig aus – Dank Fernsehkrimis. In Krawuschkes Guter Stube steht eines der wenigen Fernsehgeräte, die es bis nach Eibau geschafft haben. Die sind teuer, und der Empfang ist schlecht hier am Landrand, mitunter flimmert nur grauer Griesel über die winzige Mattscheibe. Doch sie hat einiges auf der hohen Kante, und als ihr Mann vor zwei Jahren starb, hatte sich Elfriede etwas gegönnt und das gemeinsame Sparbuch geplündert. Statt der schweigenden Anwesenheit ihres Gatten nunmehr die rauschende Welt aus der Holzkiste, ein Fenster, wo sonst nur die Wand war mit röhrenden Hirschen im Goldrahmen. Eine Musiktruhe mit Radio, Plattenspieler und Fernsehgerät. Schallplatten besitzt Elfriede noch immer nicht, und Radio hört sie auch selten. Sie genießt stattdessen die neidischen Blicke der Nachbarn und Verwandten, wenn diese zum Kaffee oder zu Besuch kommen. Die Bewunderung ist auch nach zwei Jahren nicht geschwunden.

»So machen wir es«, sagt der Pfarrer. »Ich rufe im VPKA an, und Sie warten zu Hause.«

Im Volkspolizeikreisamt nimmt der Diensthabende den Anruf entgegen. Er notiert alles säuberlich und gibt die Daten telefonisch weiter. Der Leiter der K sitzt wie an jedem der sechs Arbeitstage in seinem Büro. Seit 1946 wird 48 Stunden in der Woche gearbeitet. Offiziell. Nur am Sonntag hat man frei. Selbst der Samstag zwischen Karfreitag und Ostersonntag gilt als Werktag. Wagner ist nach dem Anruf wie elektrisiert. Selten wird ein Tötungsdelikt gemeldet. Meist ruft man die Kriminalpolizei, wenn eingebrochen worden ist, Portemonnaies oder Mopeds geklaut werden. Letztens gingen sie einer Anzeige wegen Schwarzschlachtens nach. Viele LPG-Bauern halten sich auf ihrem Hof noch Schweine und andere Tiere, das Futter liefert die Genossenschaft, die VEAB kauft Leder und Felle auf und gibt Kleie-Scheine an die Lieferanten ab. So profitieren beide Seiten, der Bauer und der Staat. Allerdings hat man sich auch an die Spielregeln zu halten: Hausschlachtungen müssen vorher angemeldet werden. Dann erscheint der Fleischbeschauer und untersucht das Fleisch auf Trichinen. Wenn er keine dieser winzigen Parasiten im Fleisch unter seinem Mikroskop entdeckt, gibt er es zum Verzehr frei. Haben die millimetergroßen Fadenwürmer das Tier jedoch befallen, muss der Kadaver entsorgt und der Befund gemeldet werden. Das gilt im Übrigen auch für geschossene Wildschweine. Wer »ungestempeltes«, also nicht vom Fleischbeschauer freigegebenes Fleisch verarbeitet und verzehrt, gefährdet nicht nur die eigene, sondern auch die Gesundheit anderer, er macht sich damit strafbar. Zerlegt also jemand ohne Schlachtschein seine Sau, begeht er eine Straftat. Die Nazis verhängten sogar die Todesstrafe, weil der staatlichen Bewirtschaftung dadurch Fleisch entging. Nach dem Krieg und bis heute wird ausschließlich wegen der potenziellen Gesundheitsgefährdung dagegen vorgegangen: Die Trichinellose gehört sowohl in der DDR wie in der Bundesrepublik zu den meldepflichtigen Infektionskrankheiten. Wer also im Landkreis Löbau schwarz schlachtet, bekommt es mit der Polizei zu tun …

Aber ein mögliches Tötungsdelikt wie das soeben angezeigte ist selten. Da erhält Kutschke am Altmarkt häufiger Südfrüchte. Und das ist einmal im Jahr, entweder zu Weihnachten oder zu Ostern.

Oberleutnant Wagner klingelt die Kriminaltechnik an. »Einsatz«, sagt er. »Bitte das ganze Besteck, in Eibau gibt es einen Toten. Auf dem Friedhof.«

Natürlich quillt umgehend Gelächter aus dem Hörer. »Höhö, welch Überraschung, ein Toter liegt auf dem Friedhof, na, wo denn sonst?«

»Höhö«, keilt Wagner zurück, »und dich pack ich gleich daneben, wenn du dir nicht deine Gags klemmst.«

Der Chef ist üblicherweise eine Frohnatur, doch irgendwo hört der Spaß auf.

»In zehn Minuten unten am Auto. Und sag Werner Bescheid, den brauchen wir auch.«

Wagners Dienstwagen ist ein EMW 340, gebaut in Eisenach zu Beginn der fünfziger Jahre. Die Zweiliter-Maschine bringt es immerhin auf 120 Sachen und schluckt dreizehn Liter Sprit, der Oberleutnant der K fährt gern damit. Der Wagen hat etwas von einem Panzer. Nicht nur wegen des Gewichts. Die Windschutzscheibe ist zweigeteilt und kleiner als die Seitenfenster, man starrt wie durch einen Sehschlitz über die lange Motorhaube. Große Menschen wie er stoßen mit dem Kopf an den Himmel, wenn es durch ein Schlagloch geht, viel Luft nach oben ist da nicht. Und dennoch. Wagner nennt sein Fahrzeug liebevoll Karl. Nach seinem Vater oder auch nach Marx, so genau weiß er das selbst nicht. »Karl« verleiht ihm Würde und Reputation. Wenn er mit ihm an einem Tatort vorfährt, sieht jeder: Hier kommt die Staatsmacht!

Der EMW war eigentlich ein BMW, doch dem in München ansässigen Hauptwerk war die Produktion ihres in Eisenach stehenden Zweigwerkes – nunmehr VEB – ein Dorn im Auge. 1950 entschied das Landgericht Düsseldorf, dass die Autos und Motorräder aus Eisenach nicht mehr BMW heißen durften. Und da die Beschlagnahme der Export-Fahrzeuge drohte, wurde der weißblaue Propeller an der Fahrzeugfront gegen einen rotweißen getauscht. So wurde aus dem BMW eben ein EMW. Aber wer weiß das noch?

Wagner wuchtet sich ins Fahrzeug, dreht den Schlüssel im Zündschloss. Der Motor springt an, kreischt zunächst ein wenig im Stakkato und geht schon bald in sattes Blubbern über.

Wenig später rollen sie auf der F 178, die in Zittau endet. Sie passieren Großschweidnitz und biegen nach Obercunnersdorf ab. Die drei Männer schweigen die meiste Zeit. Adolf, weil der Rüffel des Chefs nachhallt, Werner aus Prinzip. Und Oberleutnant Wagner hat keine Lust, für Unterhaltung zu sorgen. Außerdem muss er sich auf die Straße konzentrieren. Die ist wegen des in der Nacht gefallenen Schnees ziemlich glatt.

»Wo ist der Friedhof?«, erkundigt sich Werner auf dem Beifahrersitz, als sie das Ortsschild passieren, und Wagner zeigt wortlos auf die Kirchturmspitze, die das Dorf überragt.

Er dreht eine Kurve vorm Pfarrhaus, gibt noch einmal richtig Gas, bevor er den Motor abstellt, damit man im Hause auch hört, dass die Polizei eingetroffen ist.

Die Männer winden sich aus dem Gefährt, die Kriminaltechniker haben bereits ihren Krempel dabei: Kamera, Schilder mit Nummern und den Zollstock für die Bilder sowie das übliche Zeug, mit dem man Fingerabdrücke und andere Spuren am Tatort dokumentiert.

Sie sollen warten, bedeutet ihnen Wagner und zieht sich seinen Elbsegler zurecht. Damit sieht er aus wie Erwin Geschonneck in »Karbid und Sauerampfer«. Der DEFA-Film läuft gerade im Kino, und als seine Frau – die im Übrigen schon immer behauptete, dass er mit seinem wuchtigen Kinn dem Schauspieler ähnlich sehe – auf der Leinwand »Kalle« mit der gleichen Mütze sah, war sie sich ganz sicher: Günter gleicht Geschonneck aufs Haar. Wagner mochte deshalb nicht den Kopfputz wechseln, im Gegenteil: Eigentlich schmeichelt es ihm, mit einem bekannten Schauspieler verglichen zu werden. Zudem unterstreicht die Mütze seine proletarische Herkunft, auf die er sich einiges zugute hält. Sein Vater hatte zeitlebens im Waggonbau gearbeitet, er selbst dort eine Lehre absolviert, ehe ihn die Polizei angeworben und zur Schule geschickt hatte. Und nun jagt er im Auftrag der Arbeiterklasse Verbrecher und Gesetzesbrecher.

Wagner stapft die paar Stufen hinauf. Doch ehe er den Klingelknopf drücken kann, öffnet sich die schwere Holztür, und ein dicker Mann in Schwarz steht im Rahmen.

»Sie sind die Polizei?«, fragt der Mann.

»Und Sie vermutlich der Pfarrer, der bei uns in Löbau angerufen hat.« Der Ermittler streckt die Hand aus. »Wagner, Günter Wagner, Oberleutnant der Kriminalpolizei.«

»Sehr erfreut«, sagt der Pfarrer, »auch wenn der Grund Ihres Besuches keineswegs erfreulich ist. Wollen Sie eintreten?«

»Nee, vielleicht später. Erst einmal hätte ich gern den Toten gesehen.«

»Warten Sie einen Moment«, sagt der Gottesmann und verschwindet in der Tiefe des Flures. »Ich ziehe mir nur rasch was über.«

Wagner dreht sich auf dem Treppenabsatz um und schaut auf die in Schnee gehüllte Kirche. Die umstehenden Bäume tragen weiße Kappen, da und dort schimmert bereits ganz zartes Grün hindurch. Was für ein verrücktes Wetter, denkt der Oberleutnant. Naja, die Welt ist verrückt, weshalb nicht auch das Wetter.

Der Pfarrer schließt die Tür hinter sich und schreitet gravitätisch die Treppe hinab, dabei hält er sich am Handlauf fest. »Passen Sie auf, dass Sie nicht ausrutschen«, warnt er den Polizisten an seiner Seite. Der reagiert nicht auf den Hinweis und beginnt schon mit der Befragung. Wann er denn den Toten gefunden habe und ob er den kenne.

Er selbst habe ihn nicht gefunden, sagt der Pfarrer wahrheitsgemäß, zwei Frauen aus dem Dorf hätten ihn entdeckt. »Sie sind zu Hause. Wenn Sie mit ihnen sprechen wollen … Ich kann Ihnen den Weg zeigen.«

Später, sagt Wagner und verlangsamt seinen Schritt. Der kurzatmige Pfarrer hat Mühe, ihm zu folgen. Die beiden Kriminaltechniker mit Koffer schließen auf und nicken einen Gruß. »Meine Kollegen«, sagt Wagner, mehr nicht.

An der Friedhofspforte fingert der Pastor einen beachtlichen Schlüssel aus seiner Manteltasche und sperrt das Schloss auf. Er habe, sagt er wie zur Entschuldigung, der Vorsicht halber abgeschlossen, es müsse ja nicht gleich jeder wissen, was hier passiert ist. Wobei, er verzieht sein Gesicht mit den geröteten Wangen zu einem leichten Lächeln, er sei sich gewiss, dass inzwischen der ganze Ort über den Dorffunk unterrichtet wurde.

Das sei doch kein Malheur, erwidert Wagner. Ob der Tote aus Eibau stamme?

Der Pfarrer nickt. »Ein junger Mann Mitte zwanzig, ich habe ihn vor etwa zehn Jahren eingesegnet. Da lebte seine Mutter noch. Seit dem Unfall wohnte er allein im elterlichen Haus am Dorfrand.«

»Geschwister?«

»Soweit ich weiß, gibt es keine Verwandten.«

Hm, macht Wagner und folgt dem Pfarrer durch den Schnee.

Adolf, obgleich am Ende der Truppe marschierend, sieht als Erster den Toten an der Mauer und teilt dies vernehmlich den anderen mit.

»Ich sehe ihn auch«, knurrt Wagner.

Es ist der zweite Tadel des Tages.

Der Leichnam lehnt unverändert an der Mauer.

Alles sei noch so, wie die beiden Frauen es vor zwei Stunden vorfanden, bestätigt der Pastor. Wagner mustert den Schnee, die Fußabdrücke sind jüngeren Datums und vielleicht Schuhgröße 37 oder 38, die seien vermutlich von den beiden Frauen. Und die größeren – er blickt auf des Pfarrers Schuhwerk – seien bestimmt von ihm da.

»Ihr braucht den Gips nicht anzurühren«, bremst Wagner seine Kollegen. »Das ist frischer Schnee. Gefallen nach der Tat.« Er wirft noch einen Blick in die Runde. »Kann ich bei Ihnen telefonieren, Herr Pfarrer?«

»Selbstverständlich.«

»Macht eure Arbeit gewissenhaft«, mahnt Wagner seine beiden Kollegen, was eigentlich überflüssig war.

An dieser Mauer lehnte die Leiche, die am Karsamstag von zwei Frauen gefunden wurde

Sie wissen sehr gut allein, was zu tun ist. »Ich rufe trotzdem die Mordkommission in Dresden. Das ist mir eine Nummer zu groß.«

»Chef, ich bitte dich ...«

Die Intervention von Werner ist schwach. Ihm ist bekannt, dass bei Gewaltverbrechen die Kollegen in der Bezirkshauptstadt informiert werden müssen. Nicht weil Kriminalisten in einer Kreisdienststelle mit den Ermittlungen überfordert wären, sondern weil Schwerverbrechen wie dieses auf der oberen Ebene untersucht werden sollen. In Dresden hat man nicht nur die bessere Ausstattung, sondern auch die größere Übersicht. Das ist nun mal so. Wenn die Kriminalisten der Bezirksdirektion der VP kommen, sind die Kollegen der Provinz nur noch Zuarbeiter, keine Akteure.

Das weiß auch Günter Wagner, Oberleutnant der K, aber er kennt die Vorschriften.

Der Wasserkessel pfeift. Die Pfarrfrau kocht Kaffee, Duft zieht durch die Räume. Es klingt fast wie eine Entschuldigung, als sie ihn mit der Bemerkung serviert, er komme aus der Patengemeinde in Niedersachsen. Wagner kann mit dieser Chiffre was anfangen. Seit Beginn der deutschen Zweistaatlichkeit bemühen sich die evangelischen Kirchen grenzüberschreitend um Zusammenhalt ihrer Schäfchen. Die Verbindung ist natürlich vonseiten der Bundesrepublik politisch motiviert. Westpakete, die überall in den östlichen Pfarrgemeinden eingehen, sollen mehr als nur das Gefühl der Verbundenheit im Glauben wecken. Dessen ist sich die Obrigkeit in Berlin bewusst. Aber sie toleriert es – wie etwa die Kriegerdenkmale und -tafeln überall in den Städten und Dörfern, auf denen die Namen der im Ersten Weltkrieg gefallenen »Helden« aus der Gemeinde verewigt sind. Deren Nachfahren leben noch im Ort: Man muss diese nicht gegen sich aufbringen, indem man die überkommenen Gedenkstätten als imperialistisches Relikt schleift. (Was sie zweifellos sind.)

Gegen einen guten Kaffee aus dem Westen ist nichts einzuwenden.

Die BDVP in Dresden ist informiert, die Mordkommission im Dezernat II wird wohl in knapp zwei Stunden eintreffen. Bis dahin wird Wagner nicht nur Kaffee trinken, sondern bereits Befragungen vornehmen. In seinem Büchlein hat er notiert: die beiden Frauen, die Arbeitsstelle des Opfers, sonstige Zeugen im Ort.

»Herr Pfarrer«, hebt Oberleutnant Wagner an, »welchen Ruf hatte der Tote? Wie sprach man über ihn?«

Der Pastor schaut skeptisch aus den winzigen Augen. Das massige Gesicht lässt sie kleiner erscheinen, als sie tatsächlich sind. Der Kriminalist deutet den Blick und kommt der Frage zuvor. »Wenn wir das wissen, können wir eventuell auch das Motiv ermitteln. Denn die wichtigste Frage lautet doch: Warum ist der Mann tot? Weshalb wurde ihm Gewalt angetan? Er wird ja nicht allein so heftig mit dem Hinterkopf gegen die Friedhofsmauer gestoßen sein, dass er an den Folgen des Sturzes verstarb. Wenn wir ein Motiv kennen, aus dem ihn jemand an der Friedhofsmauer getötet oder dort abgelegt haben kann, finden wir auch den oder die Täter.«

»Ich verstehe«, sagt der Gottesmann und legt seine Vorsicht ab. Oder schränkt sie zumindest ein. Viel könne er nicht sagen, da würde der Kommissar in Kleinerts Betrieb gewiss mehr erfahren als von ihm. Oder in der Bauernkrone. Das Gasthaus habe Kleinert jedenfalls häufiger von innen gesehen als das Gotteshaus.

Günter Wagner schaut ein wenig spöttisch über den Tisch. »Woraus ich schließe, dass der Tote nicht das war, was man gottesfürchtig nennt. Er zog das Bierglas dem Abendmahlskelch vor?«

»So würde ich es nicht formulieren, aber im Wesentlichen trifft es zu.« Der Pfarrer legt sorgenvoll die Stirn in Falten, aus der Tiefe seines massigen Leibes steigt ein noch tieferer Seufzer.

»Hatte er in der Kneipe einen Stammtisch oder eine feste Runde?«

Da sei er völlig überfragt, antwortet der Diener Gottes und verweist auf den Wirt, der könne das gewiss kenntnisreich beantworten. Der Pfarrer seufzt erneut. Tief und unüberhörbar.

Wagner schaut über den Rand seines Notizbuches. »Nimmt Sie Kleinerts Tod derart mit? Ich denke, er war kein Kirchgänger.« Der Kriminalist versteht dieses auffällige Mitgefühl nicht. Weiß der Talarträger mehr, als er zu wissen vorgibt? »Übrigens, wann waren Sie zum letzten Mal auf dem Friedhof?«

Der Pfarrer hebt die Achseln. »Gestern? Vielleicht vorgestern.«

»Schatz, natürlich warst du gestern auf den Friedhof. Gestern war Karfreitag. Du wolltest nachschauen, ob der Küster die Antependien gewechselt hat.« Die Pfarrfrau stellt die Kaffeekanne auf den Tisch.

»Antependien?« Wagner schaut fragend.

»Das sind die Vorhänge am Altar und an der Kanzel«, erklärt der Pfarrer. »Sie unterstreichen die Bedeutung eines Sonntags oder Feiertags im Kirchenjahr. An Palmsonntag – das war der Sonntag vor fünf Tagen, mit dem die Karwoche beginnt – hängen natürlich andere Symbole als am Ostersonntag.« Der Pfarrer überlegt. »Ja natürlich, ich war gestern in der Kirche. Und folglich auch auf dem Friedhof … Ich bin schon völlig durcheinander.«

»Was macht Sie so nervös, Herr Pfarrer?«

»Ich? Ich bin doch nicht nervös. Aber versetzen Sie sich doch mal in meine Lage: Am Tag vor Christi Auferstehung liegt vor ihrer Kirche ein Toter. Ich weiß nicht, wie Sie reagieren würden.«

Die Pfarrfrau kehrt mit einem Teller Kekse ins Arbeitszimmer ihres Mannes zurück und stellt ihn zu den Kaffeetassen. »Greifen Sie zu. Sind von Bahlsen aus Hannover.«

Das hat Wagner längst bemerkt, schließlich ist auf jedem gezähnten Backwerk »Leibniz« zu lesen.

»Ich bevorzuge Hansa Keks«, sagt Wagner mit einem Anflug von Trotz. »Sieht genauso aus, schmeckt aber besser. Und die gibt es im Dorfkonsum.«

Oh, ruft die Pfarrfrau, sie hat die Spitze durchaus verstanden. »Die habe ich momentan leider nicht im Hause.«

»Schon gut«, winkt der Oberleutnant ab und wendet sich wieder ihrem Manne zu. »Sie waren also gestern auf dem Friedhof. Wann?«

Der Pfarrer sendet einen fragenden Blick zu seiner Frau. »Gegen drei?«

Sie nickt. »Könnte hinkommen. Es war nach deinem Nachmittagsschläfchen und vor der Kaffeetafel. Ich habe mich noch über deine schmutzigen Schuhe geärgert. Du bist mal wieder über die alten Gräber gestolpert, um die Standfestigkeit der Steine zu prüfen.«

»Ist Ihnen beim Gang in die Kirche etwas aufgefallen? Waren Leute auf dem Friedhof? Einheimische oder Fremde, die Sie nicht kannten?«

Nach einem kurzen Moment des Überlegens schüttelt der Kirchenmann den Kopf. Nein, um diese Zeit habe er niemanden auf dem Gottesacker angetroffen. »Ich bitte Sie: Es war Karfreitag und nasskaltes, unangenehmes Wetter.«

»Geht man da nicht auf den Friedhof?« Wagner notiert sich etwas. »Und die Pforte steht immer offen?«

»Natürlich. Sowohl die vom Friedhof als auch die der Kirche. Jeder soll jederzeit die Möglichkeit haben, Zwiesprache mit seinem Schöpfer zu halten.«

»Haben Sie keine Sorge, dass etwas abhanden kommen könnte?«

»Grabsteine stiehlt niemand. Und in der Kirche hängen keine Kunstschätze. Außerdem«, er macht eine Kunstpause, »die Kirche wird nur von Gemeindemitgliedern zur Andacht besucht, nicht von Kunsträubern oder von Dieben, die auf die Kollekte im Opferstock scharf sind.« Die sei ohnehin lächerlich gering und lohne die Anreise nicht.

Wagner kann die Aussage des Pfarrers grundsätzlich bestätigen. Ein Kirchendiebstahl ist ihm in seiner Kriminallaufbahn noch nie gemeldet worden.

»Aber Sie schließen abends ab? Nicht?« Wagner notiert. Dann erhebt er sich, nachdem er seine Tasse geleert hat. »Ich würde jetzt gern in die Bauernkrone gehen. Wo find ich denn die Kneipe?«

»Keine hundert Meter von hier«, sagt der Pfarrer erleichtert und quält sich aus dem Sessel. »Ich kann Sie gern hinbringen, wenn Sie möchten.«

Wagner möchte nicht. »Zeigen Sie mir nur die Richtung.«

Die Dorfstraße ist menschenleer. Zur Mittagszeit sitzen die Leute daheim bei Tisch. Die Gaststube hingegen, die Wagner wenig später betritt, ist gut gefüllt. Zigarettenqualm hängt unter den Lampen, die von braunen Stippen übersät sind. Fliegenschiss. Wagner fragt sich, wann die Stubenfliegen unterwegs sind. Bei solchem Dunst. Am Tresen steht ein Mann mit Lederschürze vor der Plauze und zapft Bier. Etliche Augenpaare begleiten Wagners Gang zur Zapfstelle. Wer hier eindringt, wird kritisch gemustert. Jeder Fremde ist eine Störung des gemeinschaftlichen Friedens. Und das ist der Kriminalist aus der Kreisstadt ganz gewiss. Eine Störung. Auch wenn ihn niemand hier kennt oder gar die Gründe für seine Anwesenheit. Der Mann gehört nicht hierher. Und als er am Tresen dem Wirt irgendeinen Ausweis zeigt, was man von jedem Tisch sehen kann, bestätigt sich der allgemeine Verdacht.

Der Kneiper wirft nur einen kurzen Blick auf die Klappkarte und konzentriert sich sofort wieder auf den Bierfluss. Er schließt den Hahn, als der Schaum überquillt, stellt das Glas zu den anderen und streicht mit einem Hölzchen den Schaum überm Rand ab. Dann wartet er einige Sekunden, bis die Blume zusammenfällt. Danach hält er das Glas wieder unter den Hahn und füllt bis zum Eichstrich nach. Stumm, ohne sich dem Mann vor ihm zuzuwenden. Wagner wartet. Er ist es gewohnt, von manchen Menschen ignoriert zu werden. Sie merken genau, wenn man etwas von ihnen will, und kosten dieses kurzzeitige Gefühl von Überlegenheit aus. Diesen kleinen Triumph will Wagner nicht durch Aufdringlichkeit stören. Er wartet.

Nachdem drei Gläser auf diese Weise bedächtig gefüllt und zum Tisch getragen worden sind, wendet sich der Wirt Wagner gnädig zu. »Was gibt es?«

»War Norbert Kleinert gestern hier?«

»War er.«

»Allein?«

Der Wirt grient. Hier sei niemand allein, sagt er, und hält schon das nächste Glas unter den Zapfhahn.

»Wer saß mit ihm am Tisch?«

»Keine Ahnung.«

»Kommen Sie!« Langsam wird Wagner ungehalten, er spürt seinen Blutdruck steigen. »Ich kann Sie zur Zeugenbefragung auch ins Volkspolizeikreisamt in Löbau einbestellen. Das kostet Sie mehr als nur die zehn Minuten, die wir jetzt brauchen.«

Der zapfende Kneiper hebt kurz seinen Blick und schaut zum ersten Mal sein Gegenüber an. »Ich bin Zeuge? In welcher Sache?«

»In der Sache Kleinert. Das sagte ich bereits.«

»Sie haben mich gefragt, ob Norbert Kleinert hier gewesen ist. Mehr nicht. Es war weder von einer Sache noch von einem Fall die Rede.«

Der Mann mit der Lederschürze gibt sich sachlich. Wagner kann ihm da nicht widersprechen, der Wirt hat ja recht. Also formuliert er den Grund seiner Nachfrage präziser.

Der Mann hinterm Tresen zeigt sich pflichtschuldig betroffen, dass einer seiner Gäste nicht mehr sein soll. Vielleicht berührt es ihn auch wirklich, denn Kleinert gehörte dem Vernehmen nach zu seinen besten Kunden. Dorfkneipen haben Stammgäste, keine Laufkundschaft. Die gibt es kaum in abgelegenen Orten wie Eibau, weil hier – im Unterschied etwa zu den Luftkurorten wie Jonsdorf oder Oybin im Zittauer Gebirge – weder Berge noch Burgen locken. Lokale wie die Bauernkrone leben von der Leber ihrer Nachbarn.

»Kleinert war gestern da. Er saß mit seinem Freund zusammen.«

»Freund? Wer war das?«

»Na, dieser Steiner.« Der Wirt sieht den fragenden Blick des Kriminalisten. Und dieser sagt ihm: Lass dir nicht alles aus der Nase ziehen, verdammt noch mal! Rede!

»Martin Steiner. Die sind schon seit Kindesbeinen zusammen. Waren immer wie Brüder.«

»Und die beiden haben gestern hier gesessen und getrunken?«

»Und auch ein wenig gestritten.«

»Worüber?«

»Das weiß ich doch nicht. Ich habe einige Runden serviert: Bier und Korn, ein Blondes und einen Kurzen. Wenn ich an den Tisch kam und die Gläser hinstellte, verstummten sie. Erst wenn ich den Arsch gedreht hatte, wurden sie wieder laut.« Der Wirt wendet sich dem Zapfhahn zu. Wagner notiert. Das Bier fließt und schäumt auf. Vermutlich zu viel Kohlensäure in der Leitung, denkt Wagner. Der sollte sich mal seine Zapfanlage im Keller anschauen.

»Und wann sind die beiden gegangen?«

»War schon ziemlich früh. Wird so gegen zehn gewesen sein.«

»Früh?«

»Sonst gehört der Norbert immer zu den Letzten, die gehen.«

»Und wann gehen die Letzten?«

»Zapfenstreich ist bei mir so zwischen zwölf und eins.«

»Und gestern verließ Kleinert das Lokal vor seiner üblichen Zeit?«

Der Wirt nickt und schaut konzentriert auf das Glas in seiner Hand, in der das Bier aufschäumt.

»Allein?«

»Nee, der Steiner ging mit.«

100

»Konnten die beiden denn noch laufen?« Wagner schickt einen skeptischen Blick über den Tresen, der auf einen nicht minder skeptischen Blick trifft.

»Na hören Sie mal? Ich fülle doch meine Gäste nicht so sehr ab, dass sie nicht mehr laufen können!? Trainierte Trinker vertragen schon einiges.«

»Mit anderen Worten: Die beiden hatten keine Schlagseite und konnten noch geradeaus laufen?«

»Na klar doch.« Der Wirt kämpft um seinen Ruf, er sorgt für Geselligkeit, nicht für Trunkenheit. Ein toter Trinker ist ein verlorener Kunde. Also muss er schon aus Geschäftsinteresse auf die Dosierung achten.

»Und wer ist Martin Steiner? Außer dass er Kleinerts Freund seit dem Kindergarten ist.«

»Der arbeitet als Diplomingenieur beim Schrader.« Der Wirt sieht Wagners fragenden Blick. »Das ist eine Maschinenfabrik, die schon seit hundert Jahren produziert. Nützliche Sachen für den Haushalt, wissenschaftlicher Gerätebau und so'n Krempel. Ist so eine Art Zulieferer für Großbetriebe … Läuft ganz gut.« Der Wirt schließt den Hahn und wischt den Schaum vom Glas. »Traditionsbetrieb. Sollte ursprünglich mal seine Tochter übernehmen. Die Doris studiert zwar, aber nicht das, was der Heinrich Schrader wollte. Sie ist in Löbau am Institut für Lehrerbildung.«

Der Wirt deutet Wagners Blick richtig. »Ja, es heißt, dass Kleinert und sie was miteinander haben. Oder, naja, hatten. Aber ich glaube nicht, dass er ihretwegen nach Eibau zurückgekommen ist. Vermutlich wegen der Arbeit. Und dass der alte Schrader ihn gern als Schwiegersohn und als Nachfolger in den Betrieb holen wollte, war hier ein offenes Geheimnis.« Die Lederschürze verstummt. So gesprächig ist der Kneiper selten. Er legt sich Zügel an, als ihm das bewusst wird. Es ist ein ungeschriebenes Gesetz in der Branche, sich nicht über die Kunden oder die Gäste auszulassen. Man weiß nie, wie das ankommt und ob sich die Offenheit nicht irgendwann rächt. »Aber fragen Sie ihn doch selbst.«

»Den Schrader?«

»Ja, den auch. Aber ich meine den Martin Steiner. Der wird ja wohl seinen Rausch von gestern schon ausgeschlafen haben, nicht wahr?«

»Weiß ich nicht«, sagt Wagner und steckt sein Notizbuch wieder ein. »Aber danke für den Tipp. Wo finde ich Steiner?«

»Der hat das Häuschen der Mutter geerbt, das steht unweit von der Maschinenfabrik.«

Er sieht den fragenden Blick Wagners. »Ist nur ein paar Hundert Meter von hier. Immer rechts die Straße hinauf, dann links abbiegen in die Bahnhofsstraße.«

»Dort wohnt er?«

»Nee, da ist die Fabrik. Da können Sie erfahren, wo genau Steiner wohnt.« Es ist erkennbar, dass der Wirt nicht mehr sagen will, als er bereits gesagt hat. Vielleicht war auch das schon zu viel, tadelt er sich im Stillen. Soll doch die Kripo selbst rauskriegen, wo der Martin wohnt. Und wer sagt schon, dass der Umstand, dass beide gestern hier saßen, und der, dass Norbert jetzt tot ist, etwas miteinander zu tun haben?

Wagner nickt kurz zum Abschied. »Ach, eine Frage habe ich noch.«

Der Wirt mustert ihn abschätzig, fast vorwurfsvoll. Für ihn ist das Gespräch längst beendet.

»Wie ist der Dorfpfarrer so?«

102

»Ich gehöre nicht zu seinen Freunden.«

»Das weiß ich. Bekanntlich hat der Teufel den Schnaps gemacht ... Was reden die Leute über ihn?«

»Keine Ahnung. Ich höre immer weg.«

Hm, knurrt Wagner und geht nun wirklich. Er tritt auf die Straße. Frische Luft strömt in die Lunge. Einmal tief durchatmen, denkt er, dann hält er den Mantelärmel unter die Nase. O Gott, das Tuch stinkt nach Qualm, als hätte es drinnen stundenlang am Haken gehangen. Und dabei war er keine zwanzig Minuten in der Räucherkammer gewesen.

Der Oberleutnant zögert bei der Entscheidung, wohin er sich wenden soll, und befragt seine Uhr. Die sagt ihm, dass es sinnvoll wäre, zum Pfarrhaus zurückzukehren, um dort die Kollegen aus Dresden in Empfang zu nehmen. Wenn er sich jetzt zur Maschinenfabrik begeben würde, käme er gewiss zu deren Ankunft zu spät. Und das machte keinen guten Eindruck. Zwar sind Adolf und Werner vor Ort, aber er ist schließlich der Leiter der Ermittlungen, nicht sie, die Kriminaltechniker.

Wagner schlendert zurück zur Kirche. Eibau ist ein klassisches Straßendorf, links und rechts des uralten Verkehrsweges waren die Gehöfte und Straßen ins Land gewachsen. Die Dorfstraße heißt F 96. Sie beginnt in Zittau und endet nach über fünfhundert Kilometern in Saßnitz auf Rügen. Die längste Fernverkehrsstraße der DDR – mit einem Kuriosum: Die traditionelle Route führt durch den westlichen Teil Berlins, der seit drei Jahren, seit dem Mauerbau, nicht mehr von den DDR-Fahrzeugen benutzt werden darf. Darum wurde eine Trasse durch die Hauptstadt ausgewiesen. In Birkenwerder, im Norden Berlins, stieß die F 96a wieder auf die F 96, der für Ostsee-Urlauber wichtigsten Straße an die Küste. Wagner hatte davon gehört, dass manche die F 96 als »Route 66 der DDR« bezeichnen, womit er nichts anfangen kann. Die Route 66 soll eine fast viertausend Kilometer lange Fernverkehrsstraße in den USA sein, eine der ersten durchgehend befestigten Straßen von Ost nach West, hatte ihm mal einer von den ganz jungen Kollegen erklärt. Na und, war seine Antwort gewesen, was interessiert mich die Piste in Übersee, und warum muss ich sie mit der längsten Straße unseres Landes vergleichen? Wir fahren über diese Straße bis hoch zur Insel Rügen, und das sollte als Maßstab genügen. Mit diesen albernen West-Ost-Vergleichen konnte er nichts anfangen.

Wagner wandert die Hauptstraße entlang und biegt dann nach rechts in die Schulstraße. Er umrundet den Tatort. Die Friedhofsmauer umschließt kreisartig den Tempel. Der Haupteingang zum Friedhof ist auch der Haupteingang zur Kirche. Günter Wagner klingelt schließlich am Pfarramt, ihm wird aufgetan. Ob er jetzt klüger sei als vordem, erkundigt sich der Pfarrer neugierig, was vielleicht nicht nur rhetorisch gemeint ist. Wagner nickt, das sei er. Und fügt ebenfalls eine rhetorische Frage an: ob die Kollegen aus Dresden bereits eingetroffen seien. Eigentlich müsste dann das Fahrzeug vorm Haus stehen. Nein, antwortet der Pfarrer. Wohl aber sitzen die beiden Kollegen des Kommissars in der Küche zu Tisch. Auch er, Wagner, sei herzlich auf einen Teller Suppe eingeladen.

Der Oberleutnant nimmt die Einladung an. Die Pfarrfrau füllt seinen Teller mit einer Kelle und meint sich entschuldigen zu müssen, dass das traditionelle Osterlamm, hierzulande meist ein Zicklein, erst morgen auf den Tisch komme. Wagner hebt abwehrend die Hände. Sie seien ja schließlich nicht nach Eibau gekommen, um sich die Bäuche vollzuschlagen, sondern um einen Todesfall aufzuklären. Dann beginnt auch er die dampfende Kartoffelsuppe zu schlürfen. Die schmeckt wirklich gut und wärmt ihm die Kaldaunen. Der Fußmarsch von der Bauernkrone bis ins Pfarrhaus hatte Wagner ausgekühlt, und seine Schuhe waren nass. Anstelle des Schnees vom Morgen lag mittlerweile Matsch auf den Straßen.

»Herr Pfarrer«, beginnt er förmlich, nachdem er sich mit dem Taschentuch die Lippen getupft hat, »könnten wir nachher, wenn die Dresdner eingetroffen sind, Ihr Arbeitszimmer nutzen?«

Der Pfarrer sendet seiner Frau einen kurzen Blick. »Nun ja«, antwortet er, »ich müsste mich eigentlich auf die Osterpredigt …«

»Du kannst ja auch im Wohnzimmer arbeiten«, wirft seine Frau ein und fällt ihm damit in den Rücken. »Die Herren werden ja wohl unterm Kruzifix keine Parteiversammlung abhalten wollen.«

»Wäre das ein Problem für Sie?«

Der Pfarrer und seine Frau lachen vernehmlich. »Kein so großes wie für Sie, hielten wir im Volkspolizeikreisamt in Löbau einen Gottesdienst ab.«

Sein Bauch bebt ob des Witzes, der ihm soeben von der Zunge gekommen ist.

Auch Wagner und die Kriminaltechniker amüsieren sich.

»Wir werden nur Fachfragen erörtern«, sagt Wagner, »keine ideologischen.«

»Na dann bin ich ja beruhigt«, antwortet der Pfarrer und lacht noch immer. »Gottes Segen kann dabei nicht schaden.«

Draußen, vorm Fenster, ertönt eine Hupe.

»Das sind vermutlich die Dresdner Kollegen«, meint Adolf. »Soll ich sie ins Haus holen?«

Der Pfarrer reagiert protokollarisch korrekt. »Ich werde sie hereinbitten.«

Wenig später stecken die Kriminalisten aus Löbau und Dresden die Köpfe zusammen. Aus der Bezirkshauptstadt ist der Leiter der im Dezernat II angesiedelten Mord- und Unfallkommission gekommen. Der Hauptmann der K hat einen Kriminaltechniker mitgebracht. Möller erinnert bei der Begrüßung daran, dass morgen Ostern ist und viele seiner Mitarbeiter Urlaub haben. Außerdem glaube er an die Fähigkeiten der Löbauer Kollegen. Das klingt wie ein Lob, ist aber nichts anderes als eine Entschuldigung, dass man nicht in voller Zahl angereist sei.

Wagner und Möller kennen sich. Sie hatten ein paar Mal miteinander zu tun, als nach vermissten Kindern gesucht oder in Tötungsfällen Täter ermittelt werden mussten. Die Kollegen aus der Bezirksdirektion treten auch dann auf den Plan, wenn es um die Bearbeitung von unklaren Todesfällen geht, und das hier ist einer. Unklar insofern, als nicht eindeutig erkennbar ist, ob es sich um einen Unfall oder um einen vorsätzlichen Mord handelt, begangen von einem oder von mehreren Tätern. So hatte es Wagner am Telefon erläutert, als er um Unterstützung in der Bezirksdirektion der Volkspolizei nachsuchte.

Oberleutnant Wagner informiert im Arbeitszimmer des Pfarrers die Dresdener über den vorliegenden Sachverhalt, über die ersten Schritte und seine Überlegungen. Und warum man hier, im Pfarrhaus, die Zelte aufgeschlagen habe, quasi Amtshilfe bei der Kirche in Anspruch nehme. »Ich denke, wir können uns das mal leisten. Ist schließlich Ostern, Auferstehung des Herrn. Norbert Kleinert wird zwar nicht wieder ins Leben zurückkehren, aber an Karfreitag aus dem Leben gerissen zu werden – das hat schon was.« Er denke, so Wagner weiter, dass man am Abend auch die Zelte wieder abbrechen werde. Bis dahin sollten draußen auf dem Friedhof alle Spuren gesichert und dokumentiert und alle notwendigen Befragungen von Zeugen erfolgt sein. Er habe bereits mit dem Wirt in jener Kneipe gesprochen, in der der Tote gestern Abend gewesen ist. Befragt müssten werden – er klappt sein Notizbuch auf – die Kollegen des Opfers im VEB Forstwirtschaft sowie dessen Freund Martin Steiner, ein Ingenieur, der in der hiesigen Maschinenfabrik tätig sei. Er schlage vor, dass der Genosse Möller in den Forstbetrieb fahre, um dort zu recherchieren, er selbst werde sich Steiner vornehmen. Ob danach noch weitere Zeugen vor Ort befragt werden müssen, werde man sehen. »Wir treffen uns 19 Uhr wieder hier.«

»Und was machen wir so lange?« Die drei Kriminaltechniker stellten mit aller Berechtigung diese Frage. »Sollen wir uns die Wohnung des Opfers anschauen?«

Wagner schüttelt den Kopf. Davon verspreche er sich augenblicklich nichts, was aber nicht heißt, dass es nicht doch nötig werden würde, sollten die Zeugenbefragungen nichts Substantielles ergeben.

Da allerdings ist er ganz optimistisch. Es war kein Raubmord, die Brieftasche steckte in der Jacke. Für ihn deutet alles auf eine Beziehungstat und weniger auf einen selbst verschuldeten Unfall. Kinder und Betrunkene haben meist Glück. Selbst wenn Kleinert im Suff gestolpert und gegen die Friedhofsmauer gestürzt ist, wäre er wohl kaum mit dem Hinterkopf derart aufgeschlagen, dass dies zum Exitus geführt hätte. Und zweitens: Er wäre nicht so aufgefunden worden, wie man ihn fand: aufrecht sitzend, an der Mauer lehnend. Drittens aber: Warum war Kleinert überhaupt auf dem Friedhof, mitten in der Nacht und nicht ganz nüchtern? So besoffen war er ganz bestimmt nicht, dass er sich verlaufen hatte. Eine gewisse Absicht muss ihn schon getrieben haben. Aber welche? Und: Ist er allein dorthin getorkelt, oder war er in Begleitung. Dumm, dass es geschneit hat und keine verwertbaren Fußspuren feststellbar sind.

»Ihr geht noch mal mit dem Dresdner Genossen alle Details durch und macht zusammen den Bericht fertig, der dann wie üblich zur Staatsanwaltschaft geht«, sagt der Hauptmann, der nun das Kommando übernimmt. »Und ihr benachrichtigt die Pathologie in Görlitz wegen der Obduktion. Sie sollen einen Wagen schicken und die Leiche abholen. Umgehend. Wir können den Toten nicht bis morgen zum Ostergottesdienst an der Mauer sitzen lassen.« Und an Wagner gewandt: »Sprichst du mit dem Pfarrer, dass wir bis mindestens 20 Uhr Gastrecht bei ihm genießen müssen?«

Der Oberleutnant nickt. »Wir müssen ohnehin mit ihm reden, damit er uns den Weg zeigt. Oder weißt du, wo der Sachsenforst sein Büro hat?«

»Ich glaube irgendwo in der Nähe der F 96 bei Walddorf, aber sicher bin ich mir nicht.«

Der Pfarrer ist nicht sonderlich erbaut, als ihm der Wunsch von Wagner angetragen wird, sein Arbeitszimmer bis zum Abend in Beschlag nehmen zu dürfen. Doch was soll er machen? Kann er die Polizisten seines Hauses verweisen? Und womit soll er das begründen? Dass er die beiden Predigten fürs Osterfest erarbeiten müsse? Das kann er auch in jedem anderen Raum im großen Pfarrhaus. Platz ist genug. Soll er sagen, dass es ihm unangenehm ist, wenn die Polizei ihr temporäres Hauptquartier hier einrichtet? Ehrenrührig ist das nicht unbedingt. Welches überzeugende Argument hat er also, um sich zu verweigern? Jedenfalls kein vernünftiges.

So willigt er denn ein und nennt den beiden Kriminalisten auch die erbetenen Adressen.

Die steigen in ihre Dienstautos und fahren in die ihnen vom Pfarrer gewiesenen Richtungen.

Hauptmann Möller erreicht nach zehn Minuten das Verwaltungsgebäude des Forstbetriebes. Es liegt am Rande eines Waldstücks. Auf dem Platz davor stehen nur wenige Fahrzeuge, die Arbeit in der Forstwirtschaft ist unverändert schwer und schlecht bezahlt. Man muss schon große Liebe zur Natur verspüren, um sich darauf einzulassen. Die Bäume werden noch mit der Hand gefällt und entastet, die Stämme mit Pferden an Ketten auf den Waldweg gezogen und dort gestapelt. Wuchtige Kaltblüter verrichten im Unterholz ihre gleichermaßen schwere wie gefährliche Arbeit, im Sommer umschwirrt von Wolken aus Pferdebremsen, die vom Schweiß der Tiere angelockt werden.

Möller hält in der Nähe des Eingangs, er geht davon aus, dass er in dem Zweigeschosser die Personen antreffen wird, mit denen er reden möchte: den Chef, den Kaderleiter – sofern es einen gibt – und vielleicht noch ein paar Kollegen, die über Norbert Kleinert etwas erzählen können. Er braucht Charakterisierungen, Lebensumstände, Beziehungen, aus denen sich Rückschlüsse auf die Tat ziehen lassen. Der Hauptmann ist schon lange im Geschäft, bei ihm kommen Routine, Erfahrung und kriminalistisches Gespür zusammen. Ihn führt niemand hinter die Fichte, um den Genius loci aufzugreifen.

Der Hauptmann geht ins Haus und klopft an die erste Tür. Weil niemand reagiert, drückt er auf die Klinke und öffnet. Sein Blick fällt als erstes auf einen ziemlich abgeranzten Schreibtisch, der bestimmt schon Dutzende Male umgezogen ist. Dahinter sitzt eine hagere Frau. Möller nennt diesen Typ »Herbstzeitlose«, weil sich bei ihnen das Alter nicht bestimmen lässt. Einerseits schon fast verblüht, andererseits noch nicht im Herbst des Lebens angekommen.

»Tach«, sagt der Hauptmann und stellt sich vor. Er suche den Chef.

»Komm Se rin«, antwortet die Herbstzeitlose, »hier sin Se richtig.«

Oh, das habe er nicht wissen können, stehe ja nichts an der Tür.

Ach, wer was von ihr wolle, wisse, wo man sie findet. Sie lacht und zeigt ihre gelben Zähne. »Womit kann ich Ihnen helfen?«

Möller schaut sich im Zimmer nach einer Sitzgelegenheit um und steuert den Stuhl an, der einsam vor dem Schreibtisch auf Benutzung wartet.

»Nehm Se ruhich Platz«, sagt die Herbstzeitlose, nachdem Möller sich bereits niedergelassen hat. War das ironisch gemeint, denkt er.

»Frau ...«, hebt er an.

»Mich nennen hier alle nur Klara«, sagt sie. »Klara König. Wie sich das für eine Herrscherin gehört.« Sie lacht. Wenn sie dabei doch wenigstens den Mund geschlossen hielte, denkt Möller, das ist wirklich kein erbaulicher Anblick.

»Frau König«, der Hauptmann verbessert sich, »Klara ...«

»Na geht doch«, sagt die Frau burschikos und zeigt wieder ihre Zähne.

»Klara«, setzt er erneut an, »Sie haben einen Kollegen namens Kleinert, Norbert Kleinert.«

»Hat der Junge Scheiße gebaut? Er ist heute nicht zur Arbeit erschienen. Sind Sie deshalb hier?«

»Naja, er hat keine Scheiße gebaut. Er ist tot.«

»Kann doch nicht sein«, sagt die Herbstzeitlose und schüttelt den Kopf mit der Kaltwelle. Die kurzen Locken bewegen sich heftig.

»Doch, leider. Er wurde heute Morgen auf dem Friedhof in Eibau gefunden.«

Die Frau greift zum Telefonhörer.

»Warten Sie doch bitte, Sie können immer noch die Kollegen informieren. Ich will vielleicht noch mit einigen reden, sie befragen. Da ist ein Fahnenappell zuvor wenig hilfreich, um nicht zu sagen: kontraproduktiv.«

»Verstehe«, sagt sie und lässt sofort den Hörer aus der Hand gleiten.

Sie scheint eine von der schnellen Truppe zu sein, denkt Möller anerkennend, ein Blitzmerker. Seine

Vorurteile beginnen wie Schnee in der Sonne zu schmelzen. Für die Zähne kann sie ja nichts.

»Er wurde an der Friedhofsmauer entdeckt«, beginnt Möller von vorn. »Mit einer Verletzung am Hinterkopf, die wahrscheinlich zum Tod geführt hat.«

»Und Sie wollen von mir jetzt wissen, wer ihm die zugefügt hat? Bin ich Hellseherin?«

»Fangen wir mal vorsichtig an: Hatte Norbert Kleinert Feinde? Unter den Kollegen? Oder überhaupt?«

Klara König prustet los. »Nobbi und Feinde. Nee, der doch nich. Den mochte jeder.«

»Dann frage ich anders herum: Wer waren seine Freunde?«

»Die gab es auch nicht, wenn Sie mich so fragen. Er konnte mit allen. Aber wenn ich es recht bedenke: Richtige Freunde hatte er im Betrieb keine.«

»Also ein Einzelgänger?«

So könne man das auch nicht sagen, antwortet sie. Er habe einen engen Freund gehabt, den Martin Steiner. »Die warn schon im Buddelkasten wie Brüder.«

Die Frau entschlüsselt Möllers Blick sofort, sie weiß, was er wissen will. »Die Mütter der beiden warn befreundet. Kriegerwitwen. Der eine Mann blieb in Stalingrad, der andere soff im Atlantik ab. U-Bootfahrer. Mehr muss ich wohl nich sagen.«

Das muss sie wahrlich nicht. Es herrscht für einen Moment Stille im Raum. Dann fährt sie fort. »Die Jungs warn unzertrennlich. Wenn sich die Schulkinder auf dem Hof gekloppt ham, hat der Martin den Norbert immer verteidigt. Er war etwas größer und kräftiger.«

»Woher wissen Sie das alles?«

112

»Hier kennt doch jeder jeden. Die Zäune sind nich so hoch. Man kriegt alles mit.«

»Und weiter?«

»Da gibt es nich viel zu erzählen. Der Martin ging nach Löbau an die Erweiterte Oberschule, machte Abi und studierte in Dresden, Norbert kam nach der zehnten Klasse in die Lehre und ist seitdem bei uns … War seitdem bei uns«, verbessert sie sich.

»Mädchen?«

»Nicht dass ich wüsste. Er blieb in diesem Haus wohnen, nachdem seine Mutter gestorben war. Brustkrebs. War schlimm. Monatelang lief mit hängenden Schultern herum und trank auch übermäßig. Ich habe mir das eine Weile angesehen und ihn mir schließlich vorgeknöpft. Er soll das mit dem Saufen sein lassen, habe ich ihm gesagt, sonst nimmt es noch ein schlimmes Ende mit ihm. Das Leben geht doch weiter. Auch ohne Mutter und ohne Vater. Irgendwann ist jeder ohne Eltern, der eine früher, der andere später. Er soll statt in die Flasche lieber nach einer Frau schauen. Was man eben so sagt als Chef.«

Karla König blickt den Kriminalisten an und wiederholt den letzten Satz. Er hallt nach.

»Hat er Ihren Rat befolgt?«

»Er hörte mit dem Trinken auf, ja.«

»Auf Brautschau ging er also nicht?«

»Das weiß ich nicht. Und wenn, dann ohne sichtbaren Erfolg.« Sie sinniert. »Arbeitsmäßig gab es nüscht zu meckern. Er war einer unserer Besten. Kein 1. Mai ohne Prämie, kein 7. Oktober ohne Auszeichnung. Er hätte es weit bringen können … Tja, das hat sich nun bedauerlicherweise erledigt.« Sie seufzt tief. Vermutlich ist ihr erst in diesem Moment die ganze Tragweite des Vorgangs bewusst geworden.

»Er war doch so ein Sensibelchen«, sagt sie, jetzt aber ganz heiter. »Er konnte kein Blut sehen. Als mal ein Kollege einen Finger durch die Kettensäge verlor, fiel er um. Nicht der Kollege, sondern er.«

»Da wäre ich auch umgefallen«, wendet Möller ein. »Und ich kann durchaus Blut sehen. Mich haben sie noch zum Volkssturm geholt«, sagt er. »Aber wenn ein Finger durch die Luft fliegt … Na, ich weiß ja nicht.«

»Der Norbert war dicht am Wasser gebaut. Wenn jemand zu Grabe getragen wurde, heulte er länger und lauter als die Hinterbliebenen.« Sie lauscht diesem Satz nach. »Nee, Feinde hatte der keine. Dem konnte man nicht böse sein. Er hatte so ein sanftes Wesen.«

Hm, macht Möller. »Gibt es auch einen Spind?«

»Natürlich.«

»Kann ich den mal sehen?«

»Selbstverständlich. Der Umkleideraum ist am Ende des Flurs.« Sie erhebt sich. Möller bemerkt erstaunt, dass die Herbstzeitlose mindestens einen halben Kopf größer ist als er selbst. Und er ist wahrlich kein Zwerg.

»Wissen Sie«, greift Klara König den Gedanken wieder auf. »Ich hasse es, wenn die Leute bereits in Arbeitsklamotten zur Arbeit erscheinen. Nun ist es bei uns auf dem Lande wurscht, wie man herumläuft. Auf der Dorfstraße findet keine Modenschau statt. Aber mit den Sachen gibt man dem Tag Struktur, verstehen Sie, was ich meine?«

Er gehe mit demselben Anzug zur Arbeit, den er auch zu Hause trage, antwortet der Hauptmann. Nur manchmal trage er Uniform. Wenn es nötig sei.

Die Herbstzeitlose schüttelt den Kopf. Sie spürt, dass sie nicht verstanden worden ist. Es sei nicht gut, wenn Arbeit und Freizeit ineinander fließe. »Sie kennen doch auch diesen Spruch: Dienst ist Dienst, und Schnaps ist Schnaps.«

Möller bestätigt mit Kopfnicken.

»Sehen Sie: Wenn ich mich zum Schichtbeginn auf der Arbeitsstelle umziehe, dann beginnt der Arbeitstag, und wenn ich abends wieder meine Privatsachen anziehe, ist Feierabend. Dann gehöre ich mir, kann über meine Zeit frei bestimmen. Das meine ich mit Struktur. Im Übrigen finde ich es auch asozial, wenn etwa ein Bauarbeiter mit seiner Arbeitskluft zur Baustelle fahren muss, weil der Betrieb keine Räume hat, wo sich die Kollegen waschen und umziehen können.«

Das versteht nun auch Möller.

Auf dem Gang kommt ihnen ein Mann entgegen. So um die Fünfzig. Sein Haar ist schütter, die Arme hängen schwer.

»Zeig mal deine rechte Hand, Kurt«, fordert die Chefin den Mann auf.

Der hebt die Rechte. Der Zeigefinger fehlt.

»Das war er«, sagt sie an die Adresse von Möller. Und an den Mann gerichtet: »Hast du schon gehört, der Nobbi ist tot.«

»Wirklich?« Das Gesicht des Mannes erstarrt zur Maske, eine Mischung aus Erstaunen und Entsetzen. »Wie ist das passiert? Arbeitsunfall?«

»Man hat ihn heute Morgen auf dem Eibauer Friedhof gefunden. Vermutlich erschlagen.«

»Wir waren doch noch am Gründonnerstag draußen und haben Holz eingeschlagen.«

Nun meldet sich auch Möller zu Wort. Ob ihm an Kleinert etwas aufgefallen sei.

Nee, sagt der Mann, den die Chefin »Kurt« nennt. Er sei wie immer gewesen, ganz normal.

Ob er etwas erzählt habe.

Was soll er erzählt haben, fragt der Mann zurück. Wenn sie draußen seien, dann um Bäume zu fällen und nicht um zu quatschen.

Möller lächelt. Schon klar, sagt er, er meine, ob Kleinert gesagt habe, was er Karfreitag vorhabe, ob er etwas Bestimmtes plane oder dergleichen.

»Nö«, sagt der nicht sonderlich gesprächige Kurt, »nischt.«

Klara König dankt und zieht Möller weiter. »Sie wollten doch den Spind sehen.«

Der Umkleideraum ist leer, ein schlichter Schrank steht neben dem anderen. Pressspan. An keiner Tür hängt ein Vorhängeschloss, registriert Möller verwundert. Die Frau deutet den Blick. »Hier klaut keiner.«

Mit Bleistift sind die Namen auf die Türen geschrieben. Fluktuation scheint man nicht zu kennen. Nur selten ist ein Schriftzug durchgestrichen und ein anderer Name darunter gesetzt.

Am Spind in Fensternähe liest Möller »Norbert Kleinert«.

»Darf ich?«

»Nur zu. Sie sind die Polizei.«

»Und Sie sind meine Zeugin.«

Der Hauptmann öffnet die Schranktür. Am Haken hängt der Arbeitsanzug aus blauem Drillich, daneben ein Handtuch, auf dem Grund des Schrankes stehen die gesäuberten Stiefel. Auf dem Brett liegen eine Seifendose, ein Rasierpinsel und ein Rasiermesser, die üblichen Hygieneartikel. Die Schranktür innen ist blank.

»Sonst hängen doch hier immer Bilder von Frauen«, sagt er. »Pin-ups.«

Klara König hebt ihre knochige Schulter. Das habe sie nie interessiert. Und öffnet die Tür eines anderen Spindes. Da hängen die Grazien gleich im Dutzend. »Stimmt«, sagt sie überrascht.

»Sehen Sie.«

»Und: Was sagt Ihnen das?«

»Nichts.«

»Dann können wir ja gehen.«

Möller ist aber noch nicht fertig. »Sagen Sie, Klara, mit welchem Kollegen hat Kleinert besonders oft oder besonders gern zusammengearbeitet.«

»Mit Kurt. Aber den haben Sie ja bereits gesprochen.«

»Verstehe«, sagt er. Und um nicht als herzlos zu erscheinen, fragt er noch, ob Norbert Kleinert zu Hause Vieh habe, um das man sich kümmern müsse. »Ziegen, Schweine, Schafe, vielleicht einen Hund oder eine Katze?«

Nichts von alledem, sagt die Chefin. Nobbi sei gänzlich ohne Anhang gewesen, er hatte keinerlei Verpflichtungen. Irgendwie sei er davor zurückgeschreckt, Verantwortung zu übernehmen. »Er war wie ein Wanderer auf Durchreise.«

»Vorhin aber sagten Sie, dass er sehr bodenständig gewesen sei und die Oberlausitz nie verlassen habe.«

Das sei kein Widerspruch, antwortet Klara. Er habe sich, so ihr Eindruck, frei allein durch die Vorstellung gefühlt, dass er jederzeit seinen Koffer nehmen und abhauen konnte, ohne dass etwas zurückbleibt, um das er sich Sorgen machen muss. Darum keine feste Bindung, die man hätte pflegen müssen, darum keine Tiere, die man hätte versorgen müssen.

»War er bindungsunfähig?«, fragt Möller. »Es soll ja Menschen geben, die keine Beziehungen eingehen können, die Bindungsangst haben.«

»Das würde ich nicht so sagen. Er suchte durchaus Nähe, er fürchtete sie keineswegs. Vielleicht war er nur zu wählerisch.« Sie haben das Ende des Flurs erreicht. »Haben Sie sonst noch Fragen? Ich muss dann mal wieder an meinen Schreibtisch ... Ach, übrigens, wie geht das nun weiter? Wann ist die Bestattung? Und wer organisiert sie? Soweit ich weiß, gibt es keine Angehörigen. Er war Einzelkind, und die Mutter oder der Vater hatten wohl auch keine Verwandten.«

Möller sagt, dass der Leichnam erst einmal zur Obduktion nach Görlitz komme. Und wenn die Staatsanwaltschaft die Leiche freigebe, dann könne diese auch bestattet werden. »Unter den gegebenen Umständen meine ich, dass sein Betrieb für ein würdiges Begräbnis sorgen sollte. Auf dem Friedhof in Eibau, wo das Leben dieses Jungen endete.«

Die Chefin nickt und reicht Möller zum Abschied die Hand. »So machen wir's. Und falls es noch Fragen geben sollte – Sie wissen, wo Se mich finden.«

Die Maschinenfabrik wirkt in der ländlichen Umgebung wie ein Fremdkörper. Obwohl es kein großer Betrieb ist. Seine Produkte sind klein, aber nötig. Etwa der Obstpflücker, den auch Wagner in seinem Garten hat: ein Metallkranz mit Zacken und Leinensäckchen an einem Besenstiel. Oder der elektrische Wärmeschuh, in den man abends seine Füße steckt, wenn sie im Winter kalt zu werden drohen … Der Oberleutnant kennt sich aus, er weiß diese Dinge zu schätzen. Er hätte nie angenommen, jemals diese Firma von innen zu sehen. Aber so ist das eben bei Ermittlungen. Sie laufen da hin und dort hin, fließen wie Quecksilber in alle Richtungen und irgendwann wieder zusammen, um einen finalen Klumpen zu bilden. Als Kind hat er mit zerbrochenen Fieberthermometern gespielt. Die silbernen Kügelchen rollten über den abschüssigen Beton, zerteilten sich, prallten aufeinander und wurden wieder eins. Sie waren kühl und wie Wassertropfen, wenn er sie von der einen Hand in die andere rutschen ließ. Wassertropfen verloren ihre Form, indem sie platzen. Die Oberflächenspannung bei Quecksilber war größer, deshalb wahrte sie die Form. War ja auch Metall, flüssiges.

Der Oberleutnant stellt sein Auto am Straßenrand ab, nachdem er vergeblich nach einem Parkplatz Ausschau gehalten hatte. Wer von den hier Tätigen fährt schon mit dem Auto vor oder besitzt eins? Die meisten kommen aus dem Ort, da geht man zu Fuß zur Arbeit oder nimmt das Rad.

Gleich hinter der Einfahrt sitzt in einem winzigen Kabuff ein Pförtner. Wagner zückt den Ausweis und drückt ihn gegen die Scheibe. Er wolle zu Martin Steiner, sagt er.

Der sei heute nicht im Betrieb, antwortet der Torwächter nach einem Blick in seine Kladde. Ingenieur Steiner habe einen freien Tag.

Verwundert erkundigt sich der Kriminalist, ob er tatsächlich jeden Kollegen namentlich in sein Buch eintragen würde. Was für ein Aufwand! Er schüttelt den Kopf.

Der sei nicht so gewaltig, sagt der Pförtner und dreht das Heft so, dass es Wagner sehen kann. Da stehen etwa fünfzig Namen untereinander, und dahinter, in Kästchen, alle fein säuberlich mit Lineal und Bleistift gezogen, drei Buchstaben: A, K oder U.

Was heißt das?

»Anwesend, krank, Urlaub.«

»Und sonst nichts.«

»Nein, sonst nichts. Was sollte es denn sonst noch Weltbewegendes in einem Berufsleben geben außer Arbeit, Krankheit und Urlaub?«

»Zum Beispiel ...« Wagner grübelt. »Zum Beispiel schwänzen. Arbeitsbummelei oder so.«

Ihn trifft ein vernichtender Blick. »Ich weiß nicht, wie es bei Ihnen auf Arbeit ist. Hier jedenfalls macht niemand blau. Und wenn mal jemand verschläft, ist sofort einer aus der Brigade unterwegs und holt den Burschen aus dem Bett.«

»Arbeiten hier nur Männer?«

»Natürlich nicht. Aber die Frauen sind meist in der Verwaltung.«

»Gut, dann gehe ich gleich zur Verwaltung.«

»Welche Abteilung?«

»Haben Sie denn mehrere? In so einem kleinen Betrieb?«

Wieder erntet Wagner einen missbilligenden Blick.

»In Ordnung. Dann gehe ich am Besten zum Chef.«

»Sie meinen Herrn Schrader?«

»Heißt der Betriebsleiter so?«

»Er ist der Besitzer.«

»Ist das denn ein Privatbetrieb?«

»Naja, nicht ganz.«

»Ach, halbstaatlich?« Der Pförtner nickt. Seit einigen Jahren war Vater Staat in Gestalt der Investitionsbank in private Betriebe eingestiegen, hatte Kredite oder Steuerschulden in Firmenanteile umgewandelt. Damit sollte die Leistungsfähigkeit mittelständischer Betriebe gesichert werden, und kleine Firmen wurden in die sozialistische Wirtschaft integriert. Wagner schien das eine zwiespältige Sache. Einerseits sichert es vielen kleinen Klitschen das wirtschaftliche Überleben, andererseits engt es den Handlungsspielraum der Firmeneigner ein. Sie sind jetzt nicht mehr Herr im eigenen Hause. Das bremst manche und nimmt Motivation. Aber hier, Wagner schaut sich um, ist das augenscheinlich nicht der Fall.

»Wir sind schon in dritter Generation«, sagt der Pförtner gleichermaßen mit Stolz und Enttäuschung. »Eine vierte wird es vermutlich nicht geben. Die Schraders haben keinen Sohn, und die Tochter wird Lehrerin. Die hat kein Interesse an der Fabrik.«

Oh, sagt Wagner und bekundet Mitgefühl, obgleich ihn diese Tatsache so berührt, als fällt in China ein Sack Reis um. »Wo finde ich denn Herrn Schrader?«

Der Pförtner tritt vor die Tür seines Wachlokals und weist mit dem Finger über den Hof. »Dort, in dem roten Haus da. Das hat der Firmengründer gebaut. Noch unterm Kaiser.«

Wagner bedankt sich und eilt dem Backsteinbau entgegen. Aus der Werkshalle dröhnt das Stampfen von Pressen und das Quietschen von Fräsen herüber. Morgen ist Ostern, aber hier laufen die Maschinen.

Gleich hinter der Tür im Verwaltungstrakt hängt ein Stummer Portier. Der scheint auch noch aus dem vorigen Jahrhundert zu stammen, lediglich die Schilder sind jüngeren Datums. »Heinrich Schrader« steht da. Und dahinter »Zi. 2.01«.

Wieso sitzen Chefs immer in der zweiten Etage, fragt sich Wagner. Ob bei Behörden oder in Dienststellen – immer haben die Leiter im Obergeschoss ihr Büro. Fürchten sie das Echo der Straße, oder sichern sie sich auf diese Weise den Überblick? Mancher Häuptling ist ganz entrückt und thront noch weiter oben. Wie früher, als der Fürst im Schloss residierte und auf seine Liegenschaften und deren Bewohner herabschaute. Die Lage erlaubte ihm, Freund oder Feind früh beim Herannahen zu erkennen. Vielleicht ist dieses Bedürfnis in den genetischen Code eingeflossen, denkt Wagner und wischt diesen Gedanken beiseite. Die Nomenklatura kam bei Darwin nicht vor, wobei: Die folgt auch nur tradierten Gewohnheiten …

Der Oberleutnant der K steigt die Stufen der breiten Treppe hinauf, ohne dass er eines Menschen gewahr wird. An der ersten Zimmertür steht, wie unten signalisiert, »Dr. Heinrich Schrader – Sekretariat«. Er klopft. Als er nichts hört, haut er mit der Hand kräftiger gegen das Holz. Mehrmals. Die Knöchel erzeugen ein lautes und vernehmliches Geräusch. Sofort kommt von innen ein »Herein«. Aha, dahinter hört jemand schwer.

Wagner öffnet die Tür und tritt ein. Das Vorzimmer des Allerheiligsten ist dunkel getäfelt. Holz an den Wänden, Holz an der Decke, Parkett zu seinen Füßen. Sehr gediegen, denkt Wagner und stellt sich und sein Anliegen der Dame am Schreibtisch vor. Die schwerhörige Sekretärin erhebt sich und strafft ihren dunklen Rock, als sie die ersten Schritte macht. Sie streift die

Hände über die Oberschenkel nach unten, wohl aus
Sorge, der Saum könnte einen Zentimeter höher sitzen
als zulässig. Wagner schaut ihr nach, bis sie im Neben-
raum verschwindet. Die Hinterfront findet sein Interesse. Dann kehrt die Bürodame augenblicklich wieder.
»Bitte sehr«, sagt sie und hält die Tür offen, »Herr Dr.
Schrader erwartet Sie.«

Das blasse Gesicht unterm Dutt lächelt geschäfts-
mäßig, also in kalkulierten Maßen.

Der Chef hat sich bereits erhoben und kommt ihm
auf dem Teppich entgegen. Der Raum sieht aus wie das
Vorzimmer, nur ist alles größer. Selbst die Lampe wirkt
wuchtiger. Hinterm Schreibtisch hängen zwei gemalte
Porträts. Schrader sieht Wagners Blick und erklärt,
das seien Vater und Großvater, dann reicht er ihm die
Hand zum Gruße. »Womit kann ich Ihnen helfen?«

Er lotst den Kriminalisten zur Sitzgruppe an der
Fensterecke und lässt sich in einen Sessel fallen.

Eigentlich wolle er einen Mitarbeiter befragen, den
sie für einen wichtigen Zeugen in einem … Wagner
zögert leicht, ehe er das Wort »Mordfall« ausspricht.
Doch der Mitarbeiter sei heute nicht im Betrieb, weil er
Urlaub habe.

Um wen es sich handle, fragt der Betriebsleiter.

Wagner nennt den Namen.

»Ach, der Schwiegersohn in spé.« Das interessiere
ihn nun in der Tat genauer, wie und wo der Zeuge geworden ist. Schrader öffnet die silberne Zigarettendose
auf dem Tischchen vor ihnen und schiebt sie dem Besucher entgegen. Der hebt abwehrend die Hände.

Der Betriebsleiter zieht die Metallschachtel zu sich,
Wagner sieht nun die Gravur auf dem Deckel. »Dem

Sieger im Pistolenschießen 1938« liest er, und was der Adler darunter in seinen Krallen hält, kann er nur ahnen, denn es wurde ausgekratzt.

Schrader bemerkt den Fauxpas und lächelt gequält. Die Dose sei praktisch, und warum solle er sie wegwerfen, nur weil ein Hakenkreuz darauf war? Die Stühle in der Dorfkneipe stammen auch noch aus den dreißiger Jahren, sagt er, was können sie für die Ärsche, die einst auf ihnen saßen – zumal es oft dieselben sind, die sich auch heute drauf breitmachen? Er kenne jedenfalls niemanden, der nach 1945 seinen Bechstein zerhackt hätte, nur weil darauf mal das Horst-Wessel-Lied gespielt wurde.

»Bechstein?«, fragt Wagner und offenbart seine Bildungslücke.

»Bei mir zu Hause steht auch noch ein Klavier von ihm. Der hat seine Pianofabrik in Berlin zur selben Zeit gegründet wie mein Großvater seinen Betrieb ...«

Pause. Der Satz hallt nach, als habe Schrader das Fortepedal getreten.

»Wir müssen Herrn Steiner unbedingt befragen. Er könnte vermutlich der Letzte gewesen sein, der das Opfer lebend gesehen hat.«

»Darf ich fragen, wer das ›Opfer‹ ist?«

»Norbert Kleinert.«

Es folgt ein »Oh!«, der kurze Ausruf ist Erstaunen und Entsetzen in einem.

»Sie kannten ihn?«

»Ich bitte Sie, Herr Wagner. So groß ist Eibau nicht, und wenn man wie ich zeitlebens den Ort nicht verlassen hat – mal abgesehen von einem kurzen Ausflug mit der Wehrmacht –, dann hat man Hinz und Kunz aufwachsen und vergehen sehen. Natürlich kenne ich Kleinert.«

»Erzählen Sie«, sagt Wagner und angelt sich nun doch eine Zigarette. Seine Laune bessert sich. Vielleicht ist der Besuch bei Schrader doch nicht ganz umsonst.

»Die beiden sind …«, der Betriebsleiter korrigiert sich, »sie klebten als Kinder aneinander, Pech und Schwefel, wie man so sagt. Dann trennten sich nach der Schule ihre Wege. Norbert blieb hier, Martin ging nach Dresden, kam aber doch wieder nach Eibau zurück. Hierhin, in meinen Betrieb. Gottseidank, muss ich sagen, er war für mich ein Geschenk.«

»Wie meinen?« Wagner streift die Asche in den Steinaschenbecher; er tippt auf Zöblitzer Marmor, der aus dem sächsischen Erzgebirge kommt. Seit Jahrhunderten wird dort Serpentinit abgebaut und nicht nur in der Semperoper, der Dresdner Hofkirche und im Grünen Gewölbe als Marmorersatz verbaut. Man fertigt daraus auch sehr hübsche Gebrauchsgegenstände wie solche Aschenbecher. Ein wirklich schönes Stück, findet Wagner und füllt mit heller Zigarettenasche die polierte Delle in der Mitte des Steins.

»Gottesgeschenk insofern, als ich jahrelang händeringend nach einem engagierten Ingenieur gesucht und zugleich auch nach einem potentiellen Nachfolger Ausschau gehalten habe. Wir haben nur eine Tochter, müssen Sie wissen, und die hat mir beizeiten zu verstehen gegeben, dass sie den Betrieb ums Verrecken nicht übernehmen wird. Martin kam da wie gerufen.«

»Hat ihn jemand ›gerufen‹?«

Schrader schüttelt den Kopf. »Ich war selbst überrascht, als er bei mir aufkreuzte und fragte, ob er hier anfangen kann.«

»Warum überraschte Sie das?«

Den Oberleutnant trifft ein skeptischer Blick. »Ich bin doch Realist. Der Junge ist zu Größerem befähigt, der hat doch den Marschallstab im Tornister. In einem mittelständischen Unternehmen in der Provinz kann man damit nicht viel anfangen. Da ist bald das Ende der Fahnenstange erreicht. Wem das genügt, der bleibt. Wer hoch hinauf will und dazu auch das Zeug hat, der geht. Maschinenbauingenieure werden überall gebraucht. Wir sind ein Industrieland.«

»Haben Sie ihn mal nach dem Grund gefragt, weshalb er in die alte Heimat zurückkam?«

»Nein, hat mich auch nicht interessiert. Ich war froh, dass er da war.«

»Ärger in Dresden? Gab es dort Probleme? Beim Studium oder auf Arbeit? Er muss ja wohl einige Zeit als Ingenieur in der Bezirksstadt gearbeitet haben, ehe er bei Ihnen anklopfte.« Wagner insistiert.

Schrader macht eine wegwerfende Handbewegung. »Er hat mal angedeutet, dass es seinerzeit, also beim Studium, Ungemach gegeben habe. Ein Kommilitone hatte sich in den Westen abgesetzt.«

»Das machten doch viele vorm Mauerbau.«

»Naja, die beiden hatten sich die Studentenbude geteilt und waren so.« Er kreuzt Zeige- und Mittelfinger. »Das war ein Arztsohn aus Löbau, studierte Medizin. Nach ein paar Semestern war er weg.«

»Ist klar«, kommentiert Wagner, »da unterstellten die Behörden, sein Zimmergenosse habe etwas von der geplanten Flucht gewusst und diese nicht verhindert.«

»So ungefähr. Allerdings hatte ich den Eindruck – das aber nur nebenbei, denn wir haben uns nie darüber ausgetauscht, da müssen Sie ihn schon selber fragen, wobei ich nicht glaube, dass das hier überhaupt von Relevanz ist ...« Er verhaspelt sich in den Nebensätzen und Gedankensprüngen und setzt noch einmal an. »Also ich hatte das Gefühl, dass ihn der Abgang des Kommilitonen mehr bedrückte als die Schwierigkeiten, die ihm daraus erwuchsen. Die beiden standen sich wohl ziemlich nahe.«

»Was war der Grund für die Republikflucht?« Wagner drückt die Kippe aus.

»Keine Ahnung. Vielleicht lockte ihn drüben das große Geld? Vielleicht wollte er nicht die Praxis der Eltern in Löbau übernehmen? Was weiß ich. Junge Leute neigen doch manchmal zu unüberlegten Entscheidungen, die urteilen aus dem Bauch. Das bemerkte schon Luther vor vierhundert Jahren: ›Jugend ist wie Most. Der lässt sich nicht halten. Er muss vergären und überlaufen.‹«

»Aber doch nicht gleich zum Klassenfeind«, wirft der Oberleutnant ein und verzieht mokant sein Gesicht.

Der Betriebsbesitzer lächelt zurückhaltend. Er ist bei der LDPD nicht nur deshalb, um Ruhe vor der SED zu haben. Er ist auch von seiner Gesinnung her ein liberaler Mann. Soll jeder mit seiner Gesinnung glücklich werden, doch die Politik hat vorm Betriebstor und vor der Wohnungstür zu bleiben. Er schweigt vielsagend. Wagner deutet das so, dass es besser wäre, das Brett an dieser Stelle nicht weiter zu bohren. »Lassen Sie uns über Norbert Kleinert reden.«

»Wir tun nichts anderes. Wobei«, Heinrich Schrader räuspert sich vernehmlich, »ich nicht verhehle, dass es mir unangenehm ist, über einen Abwesenden zu sprechen, den Sie lediglich als Zeugen befragen wollen. Erfahren alle Ihre Zeugen solch große Aufmerksamkeit?«

Da müsse er ihm zustimmen, er rede auch lieber mit als über Zeugen, entgegnet der Oberleutnant. Allerdings sei Steiner nicht irgendein Zeuge, sondern der vermutlich wichtigste im ganzen Fall. Er habe in der Nacht mit dem späteren Mordopfer das Lokal verlassen, wie mehrere Zeugen bestätigt hätten. Heute Morgen fand man den einen jungen Mann tot auf dem Friedhof – und der andere ist weg. Ob er wisse, wo sich Martin Steiner aufhalte?

»Er hat, soweit ich weiß, frei. Warten Sie.« Schrader geht zur Tür, öffnet und ruft ins Vorzimmer: »Frau Schindler, wann hat Norbert Urlaub für heute eingereicht?«

»Schon vor zwei Wochen.«

Schrader schließt die Tür. »Sie haben es gehört. Dass er gestern Abend mit seinem Freund Kleinert gebechert hat und der heute tot und Steiner nicht auf Arbeit ist, das muss nicht unbedingt was miteinander zu tun haben.«

Wagner nickt. »Wo Sie recht haben, haben Sie recht. Es scheint auf den ersten Blick wirklich kein Zusammenhang zwischen diesen beiden Tatsachen zu bestehen. Umso wichtiger ist es, dass ich mit Martin Steiner spreche. Wissen Sie, wo ich ihn treffe?«

»Waren Sie schon bei ihm zu Hause?«

Das nicht, sagt Wagner, er werde im Anschluss gleich zu ihm hinfahren. Aber er könne sich nicht vorstellen, dass Steiner den Tag vor Ostern daheim verbringe.

128

Das glaube er auch nicht, sagt Schrader. Er vermute, dass Martin entweder zu seiner Tochter nach Löbau oder beide gemeinsam über die Feiertage verreist sind. Doris sei ihm so wenig rechenschaftspflichtig wie Steiner, er könne also nichts Genaues sagen.

»Vielleicht haben Sie Glück, und die beiden sind in Steiners Wohnung?«

»Schon möglich. Er hat das kleine Haus von seiner Mutter geerbt. Haben Sie die Adresse?« Wagner selbst nennt Straße und Hausnummer aus dem Kopf, die hat er sich zuvor eingeprägt.

»Korrekt«, sagt der Unternehmer. »Haben Sie sonst noch Fragen?«

Der Oberleutnant erhebt sich. »Eine letzte vielleicht noch.« Er kratzt sich am Kopf, als sei es ihm unangenehm, sie zu stellen, weshalb er zögert. »Neigt Steiner zur Gewalt? Ich meine: Ist er jähzornig, reagiert er cholerisch, wenn ihm etwas gegen den Strich geht?«

»Das habe ich nie erlebt. Und auch kein Kollege hat sich diesbezüglich über ihn beschwert. Im Gegenteil: Er ist zu sanftmütig, zu weich, wie ich finde. Mehr als einmal habe ich ihn aufgefordert, härter beim Durchsetzen von Forderungen zu sein. Ich habe manchmal den Eindruck, dass er die Unterstellten mit Samthandschuhen anfasst. Verstehen Sie, was ich damit sagen will?«

»Dass er harmoniesüchtig ist?«

»Ja, das trifft es. Er will niemanden verletzen, zu allen gut sein.«

»Das muss ja nicht unbedingt schlecht sein.«

»Eben. Er ist wirklich ein feiner Kerl. Und dass er mitunter Entscheidungen nicht mit dem Kopf, sondern mehr mit dem Bauch trifft, sehe ich ihm nach … Ich hätte ihn jedenfalls gern als Schwiegersohn.«

Wagner wendet sich zum Gehen. »Na dann, alles Gute.«

»Ihnen auch. Hoffentlich finden Sie bald heraus, was da auf dem Friedhof mit Norbert Kleinert passiert ist … Ach, ist das alles tragisch«, schiebt Heinrich Schrader nach.

»Das isses«, sagt der Oberleutnant und schließt hinter sich die Tür.

Wenige Minuten später hält er vor Steiners Haus. Aus dem einen Fenster fällt Licht, was Günter Wagner erfreut. Also ist jemand im Hause.

Auf sein energisches Klopfen öffnet ihm ein junger Mann. Groß, schlank, attraktiv.

»Sind Sie Martin Steiner?«

Der Mittzwanziger nickt. »Und wer sind Sie?«

Wagner nennt Rang und Namen und den Grund seines Besuches. »Können wir uns unterhalten?«

Das sei momentan etwas schlecht, sagt Steiner, er habe Besuch. Irritiert blickt er nach hinten, als stehe dort jemand. Er streicht sich dabei fahrig eine blonde Strähne aus der Stirn, obwohl dort eigentlich keine ist.

Der Oberleutnant aus Löbau wiederholt sich und versucht es auf die sanfte Tour.

Ob das Gespräch nicht bis nach Ostern warten könne, erkundigt sich der junge Mann unbeeindruckt, als sei sein Gegenüber kein Polizist in Zivil, sondern irgendein Vertreter, der Einlass in seine Wohnung begehrt.

Wagner vermag seine Heiterkeit so wenig zu unterdrücken wie seinen Spott. »Mich treiben nicht Jux und

130

Umgebindehaus in Eibau, im Hintergrund der Kirchturm

Tollerei hierher. Ich will Ihnen auch keinen Staubsauger oder die Mitgliedschaft in einem Karnickelzüchterverein aufschwatzen.« Auf Steiners nunmehr besorgtem Blick reagiert er mit angemessenem Ernst. »Wir ermitteln in einem Tötungsfall.«

»Was habe ich damit zu schaffen?«

»Ob Sie etwas damit zu schaffen haben, versuchen wir herauszubekommen. Sie sind für uns jedenfalls ein wichtiger Zeuge ... Also, lassen Sie mich nun rein oder nicht?«

»Um wen geht es denn?«

»Um Norbert Kleinert.«

Steiners Gesicht verfärbt sich augenblicklich. Als sei daraus alles Blut gewichen, selbst die schmalen Lippen haben jede Farbe verloren. Er starrt Wagner stumm an, der registriert das wortlose Entsetzen ohne jeden Kommentar.

Dann wiederholt Wagner: »Wollen wir nun reden?!«

Steiner nickt. »Aber nicht hier.«

Wagner stutzt, überlegt. Warum nicht, denkt er, dann nehme ich ihn eben mit ins Pfarrhaus. Dennoch erkundigt er sich. »Und weshalb nicht?«

»Meine Freundin ist da.«

»Und vor der haben Sie Geheimnisse?«

»Ja.«

»Welche?

»Nicht hier.« Er dreht sich auf dem Absatz um. »Ich sage nur Bescheid und ziehe mir etwas an. Warten Sie bitte.«

Verwundert bleibt Wagner vor der Schwelle stehen. Durch den Spalt in der Tür vernimmt er zwei Stimmen. Die tiefere spricht mit »Mäuschen«, und die hellere Mäuschen-Stimme antwortet ein wenig schrill. Ohrenscheinlich ist ihre Besitzerin nicht sehr begeistert, allein zurückgelassen zu werden. Nach einiger Zeit erscheint Steiner wieder. »Wir können«, sagt er, und zieht den Reißverschluss seines Anoraks und die Haustür hinter sich zu. »Ich hoffe nicht, dass es lange dauert.«

»Kommt darauf an.«

»Worauf?«

»Wir werden sehen«, antwortet Wagner unbestimmt.

»Und wohin fahren wir?«

»Nicht weit. Ins Pfarrhaus.«

»Ins Pfarrhaus?«

Der Oberleutnant startet den Wagen. Ja, die Staatsmacht genieße Gastrecht bei den himmlischen Mächten.

»Und hoffentlich auch Beistand«, sagt er und löst die Handbremse.

Die Pfarrei ist erleuchtet, als Wagner vorfährt. Aus allen Fenstern fällt Licht. Auch aus dem Arbeitszimmer im Hochparterre auf der rechten Seite. »Kommen Sie«, fordert er seinen Beifahrer auf. »Wir sind da.«

Ungläubig schaut Martin Steiner auf das Gebäude, als sähe er es zum ersten Male.

»Ich hab gedacht, Sie nehmen mich auf den Arm. Was hat denn die Polizei im Pfarrhaus verloren?«

Ach, antwortet der Oberleutnant, verloren nichts, aber gefunden. Nichts lag näher. Und das sei wörtlich zu nehmen.

Nachdem er den Klingelknopf gedrückt hat, öffnet wenig später die Frau Pfarrer. Sie schaut freundlich und nickt Wagners Begleitung kurz zu. Man kennt sich, keine Frage.

»Sie finden sich?«, erkundigt sie sich rhetorisch, womit sie sagen will, dass sie den Kriminalpolizisten nicht ins Arbeitszimmer ihres Mannes zu den anderen bringen werde.

Wagner lacht nur kurz auf, knurrt so etwas, das wie »Fühle mich schon fast wie zu Hause« klingt.

Im Arbeitszimmer sitzt die ganze Truppe versammelt, auch Möller ist bereits wieder zurückgekehrt. Die vier heben nur kurz den Kopf, als Wagner eintritt, sie sind mit dem Sichten und Sortieren der Unterlagen und Aussagen beschäftigt. Erst als sie den jungen Mann entdecken, entsteht Neugier.

»Das ist Martin Steiner, der Zeuge, der nach unseren bisherigen Ermittlungen als Letzter den Toten gesehen haben soll. Wir müssen die Befragung hier vornehmen, weil es bei ihm zu Hause nicht geht.«

Günter Wagner reagiert auf die fragenden Blicke. »Er hat Besuch.«

Und an Steiner gewandt: »Oder haben Sie auch hier Probleme? Können alle im Raum bleiben?«

Mit leiser Stimme sagt Steiner, dass es im lieb wäre, wenn er sich nur mit ihm unterhalten dürfte. Er habe eine gewisse Scheu …

Das sei nicht sein Ernst, braust Wagner vernehmbar auf, doch Möller beschwichtigt. »Piano, piano«, sagt der Hauptmann. Er könne ja mit den drei Kollegen so lange in die Bauernkrone gehen und etwas essen. Er habe ohnehin Hunger. So könne man Nützliches und Notwendiges miteinander verbinden.

Dann sind Oberleutnant Wagner und der Ingenieur Steiner allein. Erst jetzt findet der Kriminalist Gelegenheit, den Mann aufmerksam zu studieren. So also sieht jemand aus, der einen Marschallstab im Tornister trägt, denkt er und muss innerlich lächeln. Die Gesichtszüge sind weich, und wenn sich Steiner bewegt, sieht das nicht gerade besonders soldatisch aus. Aber vielleicht ist er ja wirklich ein so exzellenter Ingenieur, dass sein Chef allen Grund hat, ihn über den grünen Klee zu loben.

Wagner zückt den Stift und öffnet seine Kladde. Als müsse er sich entschuldigen, bittet er um Verständnis, dass sie ein wenig improvisieren müssen. Morgen sei Ostern, und um Zeit zu sparen … »Sie wissen doch: Die ersten 24 Stunden nach einer Tat sind für die Ermittlungen am wichtigsten.«

Nein, das wisse er nicht, antwortet Steiner, er sei kein Polizist, sondern Ingenieur für Maschinenbau.

Darauf Wagner ironisch: Richtig, das habe er fast vergessen. Also zum sogenannten ersten Angriff gehörte neben der Sicherung des Tatorts und der Spurensuche auch die Ermittlung von Zeugen und deren Befragung. Herr Steiner sei, wie verschiedene Quellen nahelegen, vermutlich der wichtigste Zeuge.

»Wie kommen Sie darauf?«

»Weil Sie den ganzen gestrigen Abend in der Bauernkrone mit Norbert Kleinert zusammen waren. Sie sollen sich auch gestritten haben, haben Zeugen ausgesagt. Sind dann aber gemeinsam gegen zehn ins Freie gegangen und nicht wieder zurückgekehrt.«

»Das stimmt«, bestätigt Steiner nach einer kurzen Denkpause.

»Wohin sind Sie denn gegangen?«

Och, sagt Steiner und zieht das O wie Kaugummi in die Länge. »Nirgendwohin.«

»Fangen wir anders herum an. Am Anfang. Es heißt, sie seien ziemlich beste Freunde gewesen.«

»Das kann man wohl so sagen. Unsere Mütter teilten unsere Windeln, und wir mitunter auch das Bettchen. Das ging dann immer so weiter. Bis sich unsere Wege trennten.«

»Sie gingen an die Erweiterte Oberschule in Löbau, machten dort das Abitur. Lernten neue Freunde kennen.«

»So war das.«

»Was für Freunde?«

Steiner kneift die Augen zusammen und mustert Wagner misstrauisch. »Spielen Sie etwa auf meinen Kommilitonen Richard Lenzke an?«

»Vielleicht.«

»Hören Sie: Ich bin damals mehrmals durch die Mangel gedreht worden. Ob ich gewusst habe, dass er abhauen wollte, und warum ich das nicht gemeldet habe und so weiter …«

Wagner winkt ab. »Schnee von gestern, interessiert mich nicht.«

Die Gesichtszüge von Steiner hellen sich merklich auf. Es klopft an der Tür. Es ist die Pfarrfrau. »Soll ich Ihnen Tee bringen?«

»Sehr freundlich«, antwortet Oberleutnant Wagner, »sehr gerne.«

»Ich habe grusinischen.«

»Wunderbar.«

Dann schließt sich die Tür wieder.

Martin Steiner erkundigt sich, warum Wagner nach Freunden frage, wenn ihn die Flucht von Richard nicht interessiere.

Der Oberleutnant der K schlägt mit beiden Armen einen Kreis. Allgemeine Informationsaufnahme, sagt er. Er wolle sich von ihm als Person ein umfassendes Bild machen.

»Ist das bei Zeugen so üblich?«

»Nicht in jedem Falle. In Ihrem schon«, entgegnet der Kriminalist und bleibt die Begründung schuldig.

Die Standuhr tickt, das Pendel schwingt im Holzkasten unablässig hin und her, her und hin. Beide Männer schweigen und quittieren dankbar, dass die Tür aufgeht und die Pfarrfrau mit dem Tee kommt. Sie stellt das Tablett mit den beiden Gläsern, der Kanne und der Zuckerdose auf den Tisch. »Sie bedienen sich selbst«, sagt sie und geht auf leisen Sohlen hinaus.

136

»Sie haben Richard Lenzke an der EOS kennengelernt?«, nimmt Wagner den Gesprächsfaden wieder auf.
Nun fragt er doch nach dem Kommilitonen.

»Ja.«

»Seine Eltern waren Ärzte.«

»Wieso waren? Sie praktizieren noch immer. Sind
angesehene Leute in Löbau.«

»Wie fanden sie sich? Ich meine: Sie kamen aus einfachen Verhältnissen vom Lande, er war ein Bürgerli-
cher ...«

»Wie finden Menschen zueinander? Da spielt doch die
Herkunft keine Rolle«, widerspricht Steiner. »Die Lenz-
kes führten ein offenes Haus. Sie behandelten mich, als
wäre ich Richards Bruder.«

»Wie kann ich das verstehen?«

»So wie ich es sage.«

Wagner grübelt. Er hat eine Denkaufgabe serviert
bekommen. »Haben Sie auch die Freundinnen brüderlich
miteinander geteilt?«

»Nein.« Die Auskunft kommt eine Spur zu schnell.

»Weil es sie nicht gab?«

Steiner nickt.

Wagner findet seine Vermutung bestätigt. Sie hockte
schon die ganze Zeit im Hinterkopf, er hielt sie im
Zaume, wollte sie nicht galoppieren lassen. Nun aber
lässt er sie raus aus dem Gehege. Wann habe er bemerkt, dass Jungs ihn mehr interessierten als Mädchen, erkundigt sich der Oberleutnant.

Es vergehen eine ganze Weile und mehrere Schlucke
Tee, ehe sich Martin Steiner äußert.

»Bei einem Ernteeinsatz in der elften Klasse.«

»Und Richards Eltern haben das gewusst?«

»Hm«, bestätigt Steiner und nippt am Tee. Sie hätten auch nichts einzuwenden gehabt, dass er in ihrem Hause übernachtet.

»Und ihre Leipziger Studentenbude war faktisch auch ein Liebesnest?«

»Liebesnest würde ich es nicht nennen. Wir haben dort zusammengelebt und studiert. Er Medizin, und ich Maschinenbau. Es ist doch völlig normal, wenn sich Kommilitonen die Bude teilen.«

Wagner schüttelt den Kopf. Nein, für ihn ist das nicht normal. Normal ist, wenn also ein Mann und eine Frau ...

Steiner ahnt, was in Wagners Kopf vorgeht. »Fänden Sie es vielleicht auch anstößig, wenn zwei Studentinnen sich eine kleine Wohnung oder ein Zimmer teilten?«

»Das ist etwas anderes.«

Nein, das sei es nicht, hält Martin Steiner selbstbewusst dagegen.

»Aber warum ist er dann Knall auf Fall abgehauen? Und allein. Sie hätten doch auch mitgehen können? Sind Sie aber nicht.«

»Muss ich mich jetzt dafür rechtfertigen, in der DDR geblieben zu sein? Ja, er hat mich gefragt, ob ich mitkäme. Ich habe es abgelehnt. Erstens wollte ich mein Studium beenden, und zweitens lebten auch noch andere Menschen hier, die ich ebenfalls mochte und nicht verlieren wollte.«

»Norbert Kleinert zum Beispiel.«

»Zum Beispiel.«

»Und warum ist Richard Lenzke in den Westen gegangen, nun frage ich es doch.«

»Ihnen kann ich es ja sagen: Weil ein Drecksack ihn erpresst hat. Einer der Medizinstudenten war auf ihn scharf. Und Richard hat ihn wieder und wieder abgewiesen. Der hat sich aber nicht damit abgefunden und ihm schließlich damit gedroht, öffentlich zu machen, dass er vom anderen Ufer ist.«

Das sei der Denunziant doch selbst gewesen, wirft Wagner ein.

Gewiss, aber das sei doch bloß die Zugabe. »Die eigentliche Keule war etwas anderes. Dieser Vogel hatte in irgendwelchen Dokumenten, wohl mehr zufällig, entdeckt, dass ein SS-Arzt mit dem Namen, den auch Richard trug, unmittelbar nach der Befreiung von den Alliierten erschossen worden war. Und ja, es handelte sich um Richards Onkel. Der war an widerlichen medizinischen Experimenten beteiligt und darum zu Recht hingerichtet worden. In Richards Familie sprach man darüber nicht, er hatte keine Ahnung. Das lag inzwischen zwar alles mehr als anderthalb Jahrzehnte zurück, und es gibt bei uns keine Sippenhaft, aber die Sache hatte, wie sagt man so schön, politisch-ideologische Sprengkraft. Glauben Sie, dass der schwule Neffe eines Naziverbrechers hätte weiter studieren können?«

Wagner kratzt sich am Kopf. Ihn hätte das nicht gestört, obwohl …

»Richard verspürte wenig Neigung, es auszutesten, ob man ihm das nachgesehen oder ihn zur ›Bewährung in die Produktion‹ abkommandiert hätte. Außerdem, was er besonders fies fand, hoffte dieser Anscheißer, ihn mit seiner Erpressung ins Bett zu kriegen. Der war irre und dachte nur mit dem Schwanz … Also spielten wir alles durch und kamen zum Schluss, dass es das Beste sei abzuhauen. Es war ein tränenreicher Abschied. Richard fuhr nach Westberlin und flog von dort nach Hannover. In Göttingen, wo seine verwitwete Tante mit seinen beiden Cousins lebte, hat er sein Studium fortgesetzt. Er ist jetzt niedergelassener Arzt.«

Verflucht, denkt Wagner, das ist vielleicht eine verworrene Geschichte, hilft mir aber bei den Ermittlungen nicht weiter.

»Aber Sie haben doch nun eine Freundin, Ihr Chef Schrader sieht Sie bereits als Schwiegersohn«, setzt er nach einer Weile fort. »Was ist da passiert?«

»Naja, ich habe nach dem Studium und einer kurzen Tätigkeit meine Zelte in Leipzig abgebrochen und bin in meine alte Heimat zurückgekehrt. In Leipzig erinnerte mich zu vieles an Richard und unsere gemeinsame Zeit. Es ging einfach nicht. Ich musste einen Schlussstrich ziehen.« Steiner überlegt, tastet sich weiter. Am meisten habe sich Norbert Kleinert, sein Jugendfreund, über seine Rückkehr gefreut. »Er glaubte, wir könnten dort wieder anknüpfen, wo sich unsere Wege damals getrennt hatten. Das war naiv, wir waren inzwischen zehn Jahre älter, hatten unterschiedliche Erfahrungen gemacht. Unsere Leben hatten sich auseinander entwickelt.« Steiner gießt sich Tee nach. »Trotzdem standen wir uns immer noch nahe, das stimmt schon. Es war schön, wieder zusammen zu sein. Aber das war nicht mehr diese Jugendliebe von damals.« Er nippt am Teeglas. »Dazwischen war Richard. Eine viel größere Liebe.«

Und dann habe er Doris kennengelernt, Schraders Tochter. »Sie schaffte es doch tatsächlich, dass ich mich plötzlich für Frauen interessierte. Wenn sie durch den Betrieb wirbelte, ging in der düsteren Werkhalle die Sonne auf. Ich mochte sie. Wir verabredeten uns einige Male in Löbau. Das fühlte sich gut an, und ich war ihr auch nicht gleichgültig. Naja, und eines Tages landeten wir bei ihr im Bett. Das Internat stand leer, die anderen Lehrerstudentinnen waren zu Weihnachten ausgeflogen.«

»Sie hat sie geheilt?«

»Geheilt … Schwul sein ist keine Krankheit«, sagt Steiner bestimmt. »Vielleicht war ich überhaupt nicht schwul, also vielleicht nicht nur. Ich kenne mich da auch nicht so aus, ist ja kein Thema, über das man aufgeklärt wird.« Er unterbricht sich. »So wie wir beide jetzt darüber reden, habe ich noch nie mit jemandem darüber gesprochen. Vielleicht liegt es an der Umgebung? Vielleicht an Ihnen?«

»Habe ich was von einem Beichtvater an mir?« Günter Wagner grient. Es ist ein verlegenes Lächeln. Denn diese Welt ist ihm völlig fremd, um nicht zu sagen: zuwider.

»Jedenfalls fühlte ich mich bald stärker zu Doris hingezogen als zu Norbert. Mir fiel es schwer, ihm das zu offenbaren, weil ich fürchtete, er könnte verletzt sein. Denn dass er eifersüchtig sein konnte, war mir bewusst. Wenn ich Richard auch nur erwähnte, schäumte er. Aber irgendwann musste ich reinen Tisch machen. Es machte mich krank.«

»Und gestern in der Kneipe haben Sie es ihm gesagt.«

»Ja.«

»Wie hat er es aufgenommen?«

141

»Es war schrecklich. Er tat mir so leid, und ich tat mir auch leid, weil ich es ihm an den Kopf geknallt hatte. Für Norbert brach eine Welt zusammen. Nicht jedoch bei mir. Kein Vergleich zum Abgang von Richard. Damals zersprang mein Herz. Ich lag wochenlang am Boden. Richard war bis dahin das Liebste, was ich hatte. Abgesehen von meiner Mutter. Norbert ist … war ein ganz anderer Typ als Richard, weitaus gefühliger als ich selbst. Ich beherrsche meine Emotionen nach einer gewissen Zeit, kann mich kontrollieren. Er war dazu nicht in der Lage. Wir stritten in der Kneipe, und als er zu weinen begann, verließen wir das Lokal. Wie sieht das denn aus, wenn einer am Biertisch Rotz und Blasen heult? Ich bitte Sie, Herr Oberleutnant.«

Der Herr Oberleutnant atmet tief und vernehmlich. Und formuliert nach einer kurzen Weile die nächste Frage: »Und was haben Sie draußen vor der Bauernkrone gemacht? Kleinert zerfloss, und Sie hielten ihm das Händchen und das Taschentuch? Was ist da konkret geschehen?« Günter Wagner schaut ihn fragend an. Bis hierher ist er durch die Aussagen des Wirts im Bilde, das ist bezeugt. Nun betritt er Neuland.

»Das wollen Sie nicht wirklich wissen«, reagiert Steiner auf Wagners letzte Frage. Es scheint ihm peinlich.

»Doch, genau das will ich jetzt wissen. Ich will von Ihnen hören, was zwischen ihnen beiden vorgefallen ist. Norbert Kleinert kann ich nicht mehr befragen.«

Steiner schweigt, zögert, knetet die Hände, rutscht auf dem Stuhl hin und her. Es scheint ihm sichtlich

Ein letztes Mal ... Hinter dieser Friedhofsmauer geschah es

peinlich. Dann beginnt er, langsam, er setzt die Worte mit Bedacht, wirkt sehr kontrolliert.

»Er hat auf einem letzten Mal bestanden. Zum Abschied, hat er gesagt. Er tat mir so leid. Wir sind dann rüber auf den Friedhof.« Steiner verstummt, als würde der Film vor seinem geistigen Auge vorbeiziehen und er müsse dabei auf jedes Detail achten, um nichts Falsches zu erzählen.

»Ja. Ein letztes Mal ... Und als wir fertig waren und ich meinte, den Schlusspunkt gesetzt zu haben, begann er wieder von vorn. Das könne doch nicht das Ende gewesen sein, er spüre doch, wie sehr ich ihn noch liebe und so weiter. Wir sollen zusammen weggehen, dorthin, wo uns niemand kennt. Ich habe ihm gesagt, dass das Blödsinn ist. Er hat eine gute Arbeit, mir gefällt meine. Er muss für das Haus seiner Mutter sorgen, das kann man nicht so mir nichts, dir nichts zurücklassen. Mit Logik war aber nichts zu erreichen. Stattdessen wurde er zudringlich, ich stieß ihn von mir, brüllte ihn an, dass er das sein lassen soll. Wir hatten uns versprochen, dass hiermit Schluss ist. Und daran soll er sich halten. Er brüllte zurück, wimmerte, ging auf die Knie, umklammerte mich. Ich redete auf ihn ein, er soll sich nicht so erniedrigen – und dass die Szene für uns beide entwürdigend ist. Ich zog ihn zu mir hoch, was er nun wieder als Zuwendung verstand und mich zu küssen versuchte. Nein, sagte ich, wehrte mich, doch er dachte wohl, dass das Gerangel ein Liebesspiel ist. Wir waren auch nicht mehr ganz nüchtern. Aber so betrunken war ich nun auch wieder nicht, dass mein Verstand und mein Gefühl völlig ausgesetzt hätten. Aber Norbert schien völlig von Sinnen. ›Liebster, mein Einziger‹, rief er, ›vergiss diese Doris, die wird nie das sein, was ich für dich bin, du …‹ Und er leckte mich ab wie eine Eiswaffel, versuchte mich immer wieder auf den Mund zu küssen und mir seine Zunge in den Mund zu schieben.«

Steiner hält inne, sichtlich erregt scheint er die Minuten noch einmal nachzuerleben. »Zum ersten Male empfand ich richtigen Ekel. Alles an ihm widerte mich an, es würgte mich, mein Magen drohte sich nach außen zu kehren. Ich stieß Norbert von mir, auch um ihn nicht anzukotzen. Er flog gegen die Mauer und sackte zusammen. Mein Magen behielt alles bei sich, ich war auf einmal stocknüchtern und hellwach. Und Norbert gab keinen Mucks von sich. Ich schlug ihm mit der flachen Hand ins Gesicht, weil ich überzeugt war, dass der Stoß gegen die Friedhofsmauer ihn nur hatte ohnmächtig werden lassen. Ich schüttelte ihn, rief, schrie, brüllte: ›Norbert, mach keinen Scheiß!‹ Doch er kam nicht wieder zu sich. Dann sah ich auch das Blut an seinem Hinterkopf. Ich suchte an seinem Hals die Schlagader, spürte aber in der Aufregung nichts ...«

»Sie hätten Hilfe rufen können, einen Arzt zum Beispiel«, wirft Wagner ein.

»Ich hatte nicht den Eindruck, dass er noch lebt, und ich weiß gar nicht, ob ich in diesem Moment darüber traurig war. Es war nun endgültig vorbei. Ich rannte einfach nach Hause.«

Ihm sei klar, was das bedeutet, sagt Wagner. Er müsse ihn festnehmen, denn durch diese Aussage habe er sich selbst belastet.

Martin Steiner nickt. Das sei ihm durchaus bewusst.

Die Obduktion erfolgt nach Ostern in der Görlitzer Pathologie. Im Bericht, der der Staatsanwaltschaft und den Ermittlern zugeht, werden Schürfwunden und Hämatome im Steißbereich sowie an den Armen aufgeführt. Am Hinterkopf sei eine Schädelfraktur festgestellt worden, die als ursächlich für den Tod gilt. Denn bei der Öffnung der Schädeldecke hatten die Gerichtsmediziner diagnostiziert, dass es starke Gehirnblutungen nach dem Schlag gegeben habe. So steht denn auf dem Totenschein: »Unnatürlicher Tod durch Einwirkung stumpfer Gewalt auf bzw. am Hinterkopf des Toten.«

Die Kriminaltechniker hatten die Spuren an der Friedhofsmauer dokumentiert. In der Höhe des Kopfes fanden sie den aus der Mauer leicht hervorragenden Stein, gegen den Norbert Kleinert gestoßen worden war. Allerdings nicht einmal, sondern mehrmals, wie aus dem Befund hervorging. Aber machte das einen Unterschied?

Schon bald erhebt die Staatsanwaltschaft Anklage. Die Beweise sind eindeutig, dazu kommt das Geständnis des Beschuldigten.

Im beschaulichen Eibau löst der Fall noch vor dem Gerichtsverfahren ein Erdbeben aus. Sowohl das gewaltsame Ende des Forstarbeiters Norbert Kleinert als auch die Hinweise auf die sexuelle Präferenz von Opfer und Täter bewegen die Leute. In der DDR ist seit Ende der fünfziger Jahre praktizierte Homosexualität unter Erwachsenen de facto straffrei, obwohl erst 1968 mit dem neuen Strafgesetzbuch der DDR der berüchtigte Paragraf 175 völlig abgeschafft werden sollte. Gleichwohl eilt bei diesem Thema die Rechtssprechung dem Rechts- oder Unrechtsbewusstsein der Bürger voraus. Heinrich Schrader erleidet bei Bekanntwerden der Hintergründe des Gewaltdelikts einen Herzinfarkt, Doris Schrader bricht den Kontakt zu Martin Steiner ab. Seine Briefe aus der U-Haft bleiben unbeantwortet.

Im Prozess spielt die sexuelle Komponente der Tat so gut wie keine Rolle. Martin Steiner wird wegen Körperverletzung mit tödlichem Ausgang gemäß §226 StGB angeklagt. »Ist durch die Körperverletzung der Tod des Verletzten verursacht worden, so ist auf Zuchthaus nicht unter drei Jahren oder Gefängnis nicht unter drei Jahren zu erkennen«, heißt es dort. Schließlich, so zeigt sich selbst der Staatsanwalt überzeugt, lag hier kein Vorsatz zum Töten vor, also kein Mord.

Martin Steiner wird zu der Mindeststrafe von drei Jahren Zuchthaus verurteilt, die er auch vollständig absitzt.

Man sieht ihn nie wieder in Eibau. Und auch sonst verlieren sich seine Spuren. Martin Steiner ist Jahrgang 1939. Es ist nicht auszuschließen, dass er noch lebt.

Geschlossene Gesellschaft

Die Brüste sind wohlgeformt, straff und ohne Makel. Der Arzt betrachtet das Meisterwerk der Natur allerdings mit sorgenvoller Miene. In der Notaufnahme liegen die Prioritäten anders. Und die junge Frau wäre nicht hier, wenn nicht ihre Freundin sie ins Bezirkskrankenhaus von Görlitz gebracht hätte. Veronika hatte darauf bestanden, dass sich ein Arzt das anschaut, man wisse ja nicht, was sich alles daraus entwickeln kann. So etwas dürfe man nicht auf die leichte Schulter nehmen, hatte sie auf Margit eingeredet. Der Blick des Bereitschaftsarztes sollte ihr Recht geben. Doch den kann sie nicht sehen, weil sie auf einem Stuhl im reichlich gefüllten Wartezimmer sitzt. Der Mediziner hatte sie vor die Tür geschickt mit dem Hinweis auf das Alter ihrer Freundin. Diese sei erwachsen, hatte er gesagt, was gewiss zutrifft. Margit ist achtundzwanzig, ledig und verdient ihren Lebensunterhalt als Sekretärin in einer Behörde.

Der Arzt mustert insbesondere die rechte Brust und bittet die Schwester, ehe er sich der Patientin ganz zuwendet, sie möge doch mal in der Gynäkologie anrufen und Oberarzt Dr. Lehmann bitten vorbeizukommen. Er brauche ihn für eine Konsultation.

»Wie ist das passiert?«, fragt er die Frau mit dem entblößten Oberkörper. Sie senkt sofort den Blick zu Boden. Die Augenlider schieben sich nach unten, leichte Röte steigt ihr ins Gesicht.

»Ich verstehe«, sagt der Mediziner, »es ist Ihnen peinlich. Das muss es aber nicht. Sie werden sich das ja kaum selbst zugefügt haben.« Mit »das« meint er jene Stelle auf der Brust, auf die er mit dem Finger weist. Das Corpus Delicti gewissermaßen. Er schüttelt den Kopf, dergleichen habe er noch nie gesehen. Natürlich hat er eine Vermutung, worum es sich handelt, aber bevor er sich festlegt, möchte er gern seinen Kollegen konsultieren. Der ist vom Fach und sollte über diesbezügliche Erfahrungen verfügen.

Schon nach wenigen Minuten betritt Lehmann die Notfallambulanz. Veronika sieht ihn mit wehendem Kittel durchs Wartezimmer eilen, was sie beunruhigt. Ein wenig nur, gewiss, aber eben doch. Das Tempo verunsichert sie, nicht der weiße Kittel. Dass die Eile vielleicht bloß dem Zeitmangel geschuldet ist, kommt ihr nicht in den Sinn. Sie sitzt in der Notaufnahme, und wenn hier jemand eilt, dann ist wohl Gefahr im Verzuge.

Lehmann begrüßt den Kollegen flüchtig und mustert gleich die Brust der Frau. Er tut das ohne besondere Leidenschaft, als begutachte er eine Auslage im Konsum oder eine Blumenrabatte. Alltag für ihn. Brust ist Brust, ob jugendlich stramm oder greisenhaft hängend. Was seine Geschlechtsgenossen unter Umständen erregt, lässt ihn kalt. Er tastet die Stelle ab. Ob das wehtue, fragt er, und erhält als Antwort ein Kopfnicken. Das verwundere ihn angesichts der Hämatome nicht, sagt er. Rings um die Brustwarze und deren Hof schillert es grün und blau.

»Da hat einer aber kräftig zugebissen«, sagt er zu seinem Kollegen und weist auf den ovalen Abdruck im Brustgewebe. »Sehen Sie das?« Er redet, als sei die Frau nicht im Raum.

Lehmann umkreist mit dem Finger den Warzenhof. »Jeder einzelne Zahn. Drei Zentimeter zwischen den Eckzähnen. Das war ein ausgewachsener Mann.«

Endlich behandelt er auch die Patientin wie eine Person im Raum. »Wie ist das passiert?«, fragt er sie, »beim Vollzug des Aktes?«

Schon wieder so ein klinischer Begriff. Die Frau verdreht die Augen.

Der Notarzt wirft ein, er habe sie schon gefragt, wie das geschehen sei, doch keine Auskunft erhalten.

Der Gynäkologe bleibt leidenschaftslos. »Hören Sie, Frau …«

»Margit Voß.«

»Hören Sie, Frau Voß. Das ist eine erkennbare Körperverletzung, die zur Anzeige gebracht werden muss. Entweder Sie gehen mit dem Befund, den mein Kollege Ihnen nachher ausstellen wird, selber zur Volkspolizei und erstatten Anzeige. Oder wir machen das. Dazu sind wir per Gesetz verpflichtet.« Dabei schaut Dr. Lehmann noch einmal scharf auf ihre Brust. »Und lassen Sie sich in meiner Abteilung einen Termin für nächste Woche geben, ich will die Sache im Auge behalten. Es kann alles ohne Komplikationen verheilen, was zu wünschen ist. Es kann aber auch zu einer Infektion kommen. Sind Sie gegen Wundstarrkrampf geimpft?«

»Ich glaube schon.«

»Impflicht gegen Tetanus besteht erst seit 1961. Da waren Sie doch schon aus der Schule raus«, rechnet der Notarzt nach. »Sie haben ja auch keinen Impfausweis dabei. Dann können wir das nicht feststellen.«

»Gib ihr noch eine Tetanus-Spritze, dann ist sie auf der sicheren Seite.« Und wieder spricht Lehmann, als sitze die Patientin nicht dabei.

»So«, sagt der Halbgott in Weiß und wendet sich nun wieder der Frau zu, »Sie lassen sich einen Termin geben. Es wird schon wieder.«

Das klingt gönnerhaft und ein wenig von oben herab. »Vermutlich bleiben Narben zurück. Aber die verwachsen mit den Jahren. Auf Wiedersehen.«

Und schon ist er aus der Tür.

Der Notarzt nimmt hinter dem Schreibtisch Platz, nachdem er die Spritze gesetzt hat. Er füllt ein Rezept und ein Papier aus über den Befund. »Das geben Sie der Polizei, wenn Sie Anzeige erstatten. Sie werden doch zur Polizei gehen, oder? Sonst müssen wir handeln. Was aber kein gutes Licht auf Sie werfen würde. Das provoziert nämlich unnötige Fragen. Sie wurden geschädigt, es liegt zweifelsfrei eine Straftat vor. Wenn Sie die decken ...«

Die Frau nickt.

»Sie können sich wieder anziehen.«

Am Montag meldet sich Margit Voß in ihrer Mittagspause im Volkspolizeikreisamt. Sie glaubt, dass es besser sei, die Anzeige um diese Zeit zu erstatten, weil ihre Abwesenheit auf Arbeit nicht bemerkt werden würde. Allerdings hat sie außer Acht gelassen, dass auch im

VPKA zur gleichen Stunde die Arbeit zwecks kollektiver Nahrungsaufnahme ruht. So muss sie denn warten, bis auch die Kriminalpolizei die Suppenlöffel aus der Hand gelegt hat. Vorsichtshalber hatte sie ihrer Zimmerkollegin angedeutet, dass ihre Rückkehr sich eventuell verzögern könnte, falls die Handwerker sich verspäten. Es ist ja allgemein bekannt, dass die nie zur vereinbarten Zeit kommen. Und wenn sie dann endlich erscheinen, dauert überdies ihr Aufenthalt länger als geplant ...

Endlich kommt ein groß gewachsener, grauhaariger Mann in Zivil. »Oberleutnant Krause«, stellt er sich vor und bittet sie in sein Büro. Er ist jenseits der Fünfzig, ein väterlicher Typ, was sie beruhigt. Wenn der Kriminalist jung, vielleicht in ihrem Alter oder gar noch jünger gewesen wäre, hätte sie vermutlich Probleme mit ihrer Beichte gehabt. So aber fällt es ihr leichter, nach den Angaben zur Person über »die Sache« zu berichten. Den Tathergang zu schildern, wie es der Polizist hinter seinem Schreibtisch nennt.

Hinter ihm an der Wand hängt ein Bild von Willi Stoph, der seit drei Jahren in der Nachfolge von Otto Grotewohl den Vorsitz im Ministerrat innehat und damit Dienstherr auch des Kriminalisten ist, der mit der Hand notiert, was ihm Margit Voß berichtet. Zögernd und abwägend, um sich nicht zu belasten, denn schließlich hat sie sich selbst und obendrein freiwillig in die Lage gebracht.

Während der Grauhaarige den ärztlichen Befund studiert, verleiht er unmissverständlich seinem Unmut Ausdruck. Margit Voß nimmt die Gefühlswallung erleichtert zur Kenntnis. Doch auch dadurch wird die Sache für sie nicht leichter.

»Wer war das?«, lautet nicht unerwartet die erste Frage des Polizisten.

Sie zögert mit der Antwort, obwohl ihr bewusst ist, dass sie keine Anzeige gegen Unbekannt würde erstatten können. Die Zähne, welche sichtbare Spuren in ihrer Brust und damit in ihrer Gefühlswelt hinterlassen haben, gehören einem Mann, der ihr sehr wohl bekannt ist. Und auch den meisten Menschen in der Stadt.

»Horst Strunz.«

Der Polizist hebt den Blick von seinem Blatt. »Der Strunz?« Er betont den Artikel auffällig.

Sie nickt. »Ja, der Inhaber des Papierladens in der Berliner Straße.«

»Ihnen ist bewusst, was diese Aussage bedeutet?« Horst Strunz ist ein angesehener, unbescholtener Bürger. Seine Frau ist wenige Jahre zuvor bei einem Verkehrsunfall ums Leben gekommen. Es stand damals groß in der Zeitung: im Nebel bei Dresden auf einen Lkw aufgefahren, der ohne Rücklicht liegengeblieben war. Die halbe Stadt kam zur Beerdigung. Auch Margit Voß.

»Ja, das ist mir bewusst«, sagt Margit Voß.

Der Kriminalist stutzt. »Haben Sie ein Verhältnis mit ihm?«

Sie schüttelt heftig den Kopf.

»Aber Sie müssen doch mit ihm intim gewesen sein, sonst hätte er Sie doch nicht …« Er zögert, den Satz zu vollenden.

»Ich war nicht ganz nüchtern. Und er war ebenfalls betrunken.«

»Entschuldigen Sie: Nicht jeder, der einen in der Krone hat, geht mit einer Frau ins Bett und beißt sie auch noch in die Brust. So etwas ist mir in meiner langen Laufbahn noch nicht untergekommen.« Er schüttelt den Kopf. »Der hatte nicht nur einen in der Krone, sondern auch ...« Er macht eine eindeutige Handbewegung.

Margit Voß schluchzt. Sie hatte sich vorgenommen, bei ihrer Aussage nicht zu weinen, doch nun übermannt sie die Erinnerung.

»Ja ... ja ... was soll ich denn noch sagen? Der Strunz hat mit mir geschlafen. Heftig, völlig enthemmt, wild. Und dann hat er mir in die Brust gebissen. Wie ein Tier. Nein, es war keine Vergewaltigung. Ich habe mich nicht gewehrt. Es geschah einvernehmlich, wie es im Beamtendeutsch heißt.«

»Auch der Biss? War der ebenfalls ›einvernehmlich‹?«

»Was soll das heißen?«

»Nun«, sagt der Kriminalist, »es gibt bekanntlich sehr viele Formen, mit der Mann und Frau sich Lust bereiten können. Einige bevorzugen die härtere Gangart und fügen sich wechselseitig Schmerzen zu. Das läuft dann manchmal aus dem Ruder. Sie haben vermutlich keine Ahnung – und dieses Unwissen muss Ihnen wahrlich nicht peinlich sein –, was manche Menschen miteinander treiben. Ich selber habe mal in einem Fall ermitteln müssen. Da hat eine Frau einen Mann beim Rollenspiel umgebracht. Er wollte als Sklave behandelt und geschlagen werden, bis das Blut floss. Er hat's nicht überlebt.«

Margit Voß schaut entsetzt. »Nein, da täuschen Sie sich. Es war kein verabredetes Rollenspiel. Es war ganz harmloser Sex. Ich konnte doch nicht ahnen, dass bei ihm die Sicherungen durchbrennen. Wie gesagt: Er rammelte ziemlich rasch los, nun gut, dachte ich, der steht unter Hochspannung, lange keine Frau und so ...

Und plötzlich beißt er zu. Unvermittelt. Er kam aber auch gleich zur Besinnung, als ich schrie und ihn von mir stieß. Hat sich sogar entschuldigt …«

»Entschuldigung her oder hin – es bleibt eine Körperverletzung. Und das hat ein juristisches Nachspiel.«

»Darum bin ich ja auch hier.«

Der grauhaarige Polizist macht sich wieder Notizen. Setzt den Stift ab, schaut in unbestimmte Ferne, an Margit Voß vorbei. Grübelt.

»Wo war das? Bei ihm in der Wohnung oder bei Ihnen zu Hause?«

»Das ist doch unerheblich. Oder nicht?«

»Im Prinzip haben Sie natürlich Recht. Doch der Vollständigkeit halber muss der Tatort – und den haben wir nun mal bei einer Straftat – ebenfalls ins Protokoll.«

Margit Voß zögert. Schließlich sagt sie: »Es war in der Pfeiffer-Villa.«

»Wie bitte? Im Haus von Kinderwagen-Pfeiffer?«

Ein Nicken.

Auch Reinhard Pfeiffer ist ein angesehener Geschäftsmann, vielleicht sogar noch renommierter, jedenfalls wohlhabender als Strunz. Er lebt vom Handel mit Babysachen und Kinderwagen, was ihm auch seinen Beinamen eintrug. »Wird das Baby immer reifer, braucht's 'nen Wagen nur von Pfeiffer«, wirbt der Laden. Zum Geschäft gehört auch eine Werkstatt, die die Vehikel reparieren, wenn sie mal kaputtgehen. Beides, Laden und Werkstatt, hat Pfeiffer geerbt. Er ist mit seiner Firma nicht nur alteingesessen, sondern auch Monopolist. In Görlitz gibt es keinen Konkurrenten. Zwar existierte mal ein zweites Unternehmen, aber das befand sich im Osten der Stadt, jenseits der Neiße.

156

Dieser Teil ist nun polnisch. Pfeiffer ist darum einer der wenigen Görlitzer Geschäftsleute, der von der in Potsdam 1945 beschlossenen Grenze profitiert hat. Dem Unternehmen geht es gut, er selbst ist polizeilich nicht auffällig. Pfeiffer lebt am Rande der Stadt in einem ebenfalls geerbten Domizil, hat ein Auto und kann sich Urlaub im Ausland leisten. Er ist ein typischer Vertreter jener Bürger, die man früher als Honoratioren bezeichnete, Leute, die aus dem kleinstädtischen Milieu aufgrund ihrer sozialen Position herausragten. An ihre Stelle sind wegen der politischen und gesellschaftlichen Veränderungen andere Personen getreten, Kleinbürger mit Funktionen und Ämtern, doch der frühere Ruf ihrer Vorgänger hallt unverändert nach. Pfeiffer und Co. genießen Achtung und Reputation in der Stadt.

Margit Voß bekräftigt ihre Aussage. Ja, alles habe sich in Pfeiffers Haus zugetragen.

Das provoziert die Nachfrage, wie sie dorthin gekommen sei, schließlich, nun ja, seien das nicht die Kreise, in denen eine Bürokraft üblicherweise verkehre. Nichts gegen Sekretärinnen, schiebt der Kriminalist nach und hebt abwehrend die Hände, sie solle ihn nicht missverstehen, aber Frau Voß wisse doch selbst, dass es noch immer so etwas wie soziale Schranken gebe, die aus der Vergangenheit rühren. Der Sozialismus stecke doch noch immer in den Kinderschuhen. Apropos Kinderschuhe: Was habe sie dort gemacht?

Nun, sagt Margit Voß, die Bemerkung des Herrn Oberleutnant treffe durchaus zu, normalerweise habe sie weder etwas mit Pfeiffer noch mit Strunz zu schaffen, aber sie habe ihre Freundin Veronika Feller begleitet.

Die »Pfeiffer-Villa«, in der sich in den sechziger Jahren einiges zutrug

»Veronika Feller? Wer ist das?«

»Wir kennen uns schon länger. Sie verkauft Schuhe am Obermarkt.«

»Und was hat sie mit Pfeiffer zu schaffen?«

Margit Voß zögert. Soll sie wirklich sagen, dass die beiden etwas miteinander haben? Ach, denkt sie, was kann das schon für Folgen haben, wenn sie auch das erzählt. Vielleicht sollte sie wirklich Tabula rasa machen, denn der Schmerz ist noch nicht vergangen, er puckert noch immer in ihrer Brust.

»Pfeiffer hat ein Verhältnis mit ihr.«

»Wie bitte? Der Mann ist verheiratet und hat zwei Kinder.«

»Sind das etwa Gründe, keine intime Freundin zu haben?«

Der Oberleutnant stutzt und rudert zurück. »Ich bin Gesetzeshüter, nicht Tugendwächter. Ich bewerte Fakten, nicht die Moral von Menschen.«

Dann erkundigt er sich, warum sie ihre Freundin in die Pfeiffer-Villa begleitet habe. Ob es einen Anlass gab, einen Geburtstag oder irgendeine andere Feier. Und ob sie allein dort gewesen seien.

Nein, nicht allein, es seien etwa um die zwanzig Leute dort gewesen, vielleicht auch ein paar mehr. Die meisten habe sie nicht gekannt. Es handelte sich offenkundig um eine Art Feier, und wenn sie Strunz richtig verstanden hatte, also bevor er zu lallen begann, handelte es sich um einen der regelmäßig hier stattfindenden Klubabende, was sie ein wenig sonderbar fand. Denn unter Klubabenden verstand sie bis dahin was anderes, nämlich Treffen betuchter Männer im reifen Alter. Exklusive Stammtische von Besserverdienenden.

»War es das nicht?«

»Männer waren reichlich da. Aber eben auch Frauen, darunter viel junges Gemüse.«

»Was meinen Sie mit ›jungem Gemüse‹?«

»Na, Backfische.«

»Mit vierzehn Jahren und sieben Wochen ist der Backfisch ausgekrochen«, zitiert der bejahrte Kriminalist aus den sogenannten Backfischromanen von Else Ury aus seiner Jugendzeit. »Wollen Sie damit sagen, dass auch Kinder dort waren?«

»Naja, Kinder vielleicht gerade nicht. Die Mädchen waren schon etwas älter.«

»Wie alt?«, fragt der Oberleutnant, der jetzt hellhörig wird.

»Schwer zu sagen«, meint Margit Voss. »Fünfzehn, sechzehn vielleicht, Halbwüchsig eben, in der Phase zwischen Kind und Frau. Wenn die Mädchen halt aufblühen.«

»Und die hopsten da zwischen diesen – entschuldigen Sie bitte – alten Säcken herum?«

»Hopsen ist vielleicht nicht der richtige Ausdruck.«

»Dann sagen Sie mir den treffenderen. Ich war nicht dabei, ich weiß nicht, was die ›Kindfrauen‹ dort gemacht haben.«

Margit Voß ringt erkennbar um Worte, wobei es vermutlich nicht nur um einen Begriff geht, mit dem die Runde und deren Zusammensetzung sich charakterisieren ließe. Das Publikum erschien ihr zu Beginn etwas merkwürdig, doch je mehr sie von den leckeren Cocktails getrunken hatte und sich an den ungewöhnlichen Delikatessen – vom Salat aus Kamschatka-Krebsen bis hin zu Räucheraal in Aspik – bediente, desto normaler erschien ihr alles. Sie fand es auch bald nicht mehr anstößig, dass manche Frauen sich kreischend ihrer Oberteile entledigten und unter dem Beifall der Umstehenden die Brüste entblößten. Sie hat es schließlich irgendwann auch selbst getan und nichts dabei gefunden, dass der Strunz sie später aufs Kanapee zog und befummelte. Beiläufig und ohne sonderliche Regung sah sie Mädchen durch die Räume torkeln, mitunter verschwand die eine oder die andere mit einem wankenden Herrn. Einer von diesen trug eine Kamera dabei, von der er sich nicht trennte, erinnert sie sich dunkel. Er war auch ihr als Gerd Lemke vorgestellt worden, der Inhaber des Fotoladens am Obermarkt. Zu vorgerückter Stunde und noch vor der Bissattacke hatte auch sie ihm die Brüste in die Kamera gehalten. Wunschgemäß, nachdem Lemke sie lachend dazu aufgefordert hatte. Kein Problem sich so zu geben wie am FKK-Strand an der Ostsee. Mal von links, mal von rechts, wunderbar, jauchzte der Fotograf. Für Lemke schien es nur ein Spaß zu sein, Frauen abzulichten, wie die Natur sie geformt hatte. Rank und schlank. Dicke und alte Frauen, das wird ihr erst jetzt bewusst, waren nicht dabei. Komisch. Oder auch nicht. Solche Frauen hatten die meisten Männer daheim. Auch Pfeiffers Frau war nicht zugegen. Sie sei mit den Kindern für ein paar Tage nach Berlin gefahren, hatte ihr Veronika gesagt. Und grinsend-doppeldeutig hinzugefügt: sturmfreie Bude …

Der Kriminalist stoppt ihren Gedankenfluss und fragt, ob ihr inzwischen eingefallen sei, wie man die Party mit den Frühreifen und den reifen Frauen nennen könne.

Margit Voß schaut ihn an, irritiert und verzweifelt zugleich, hebt die Schultern. »Nennen Sie es meinetwegen Party. Damit liegen Sie wohl richtig.«

»Gut«, sagt der Mann. »Können Sie mir auch noch ein paar weitere Namen nennen außer jenen, die Sie bereits erwähnten?«

»Von den Schülerinnen?«

»Ach, die Mädchen gehen noch zur Schule?«

»Ja, ich glaube, die eine hatte gesagt, dass sie die zehnte Klasse besuche und demnächst siebzehn wird. Sie sei ziemlich spät eingeschult worden.«

»Dafür früher erwachsen geworden.« Der Kriminalist entschuldigt sich sofort, ihm sei dies nur so herausgerutscht.

Margit Voß reagiert, als habe sie die unangemessene Kommentierung überhört. »Die Mädchen haben sich bei mir nicht vorgestellt. Ich kenne nicht eine mit Namen. Und würde sie möglicherweise nicht einmal auf der Straße wiedererkennen.«

Der Oberleutnant mustert die junge Frau kritisch, sein Blick verharrt unbeweglich.

»Wirklich, ich habe da ein schlechtes Gedächtnis. Ich merke mir keine Namen und keine Gesichter. Ich kann auch Namen bestimmten Gesichtern oft nicht zuordnen. Und umgekehrt. Ist blöd, ich weiß. Vor allem im Büro, wenn Leute kommen, die mich augenscheinlich kennen. Ich muss das dann überspielen.«

»Ist ein Problem«, bestätigt ihr der Oberleutnant und notiert sich wieder etwas.

»Und wie sieht es bei den Herren aus? Pfeiffer, Strunz und Lemke hatten Sie bereits genannt.«

Margit Voß grübelt. »Ach, der aus dem Schmuck- und Uhrenladen am Rathaus war noch dabei.

»Ophal, Herbert Ophal?«

»Ja, genau der.«

Plötzlich stutzt Margit Voß. »Sagen Sie mal, Herr …, Herr … Sehen Sie, jetzt habe ich Ihren Namen vergessen, obwohl Sie ihn mir vorhin genannt hatten.«

»Krause«, sagt der Namenlose, »Oberleutnant der K Karl Krause.«

»Sagen Sie mal, Herr Krause, weshalb fragen Sie mich nach all diesen Leuten? Ich bin hier, um den Strunz anzuzeigen. Da interessieren doch die anderen nicht.«

Der Oberleutnant bleibt ruhig. »Wegen der Zeugen.«

»Warum Zeugen? Ich habe das ärztliche Attest, dass ich gebissen wurde, und der Name des Täters ist bekannt. Was braucht es da noch Zeugen?«

»Und wenn er es bestreitet?«

Margit Voß schweigt betreten.

Zur täglichen Dienstberatung trägt Krause die Anzeige vor, die er am Vortag aufgenommen hat. Auf den ersten Blick sei das keine große Sache, allerdings auch kein Grund, sich zu erheitern, sagt er und rügt damit einen jungen Kollegen, der vernehmbar gelacht hatte, als Krause den Modus Operandi nannte. Vielleicht sollte er sich mal in die Brust beißen lassen, und zwar so kräftig, dass man anschließend die Vollständigkeit des Gebisses feststellen könne, sagt der Oberleutnant sichtlich verärgert. Er denke, dass man die Körperverletzung rasch der Staatsanwaltschaft werde zuleiten können. Die Anzeige ist aufgenommen und das Opfer befragt worden, er werde noch den Beschuldigten vorladen und dann den Sack zumachen. »Das wird ein kurzer Prozess. Aber ...«

Der K-Leiter hebt beschwichtigend den Arm. »Lass mal, Karl, ich informiere die Genossen selbst.« Hauptmann Künzel schraubt seine Einmeterneunzig in die Höhe, er füllt den Raum mit seiner Größe und seiner Dienststellung. Künzel gehört zum Inventar der hiesigen Kriminalpolizei seit nunmehr fast zwei Jahrzehnten. Der arbeitete hier schon, als es noch den Freistaat Sachsen gab und die DDR noch nicht gegründet war. Er hat einiges durch und gehört zu jenen Genossen, von denen es heißt, sie hätten viele Beulen am

Helm, einige würden sogar vom Klassenfeind stammen. Womit gesagt ist: Der meiste Ärger kam aus den eigenen Reihen.

»Also, Genossen«, beginnt Künzel mit sonorer Stimme, die so klingt, als komme sie aus dem Keller des Volkspolizeikreisamtes, so tief und so dunkel. »Bei der Befragung der Zeugin, die am Freitag Opfer einer schweren Körperverletzung wurde, sind einige Sachverhalte zutage getreten, die untersucht werden müssen. Karl hat mich gestern darüber informiert, und ich habe mich auch mit Werner verständigt.«

Werner, das weiß jeder im Raum, heißt mit Nachnamen Wenzke und ist Leiter der KD. Das ist die hiesige Kreisdienststelle des MfS. Die nutzt gelegentlich Räume hier im Hause, wenn sie Personen »zur Klärung eines Sachverhalts« mit Postkarte vorlädt. So suggerieren die Kollegen nach außen, dass sie nicht für das Ministerium für Staatssicherheit unterwegs sind, sondern im Auftrag des Ministeriums des Innern, als dessen Mitarbeiter sie sich in der Regel ausweisen. Die KD selbst, eine von insgesamt sechzehn im Bezirk Dresden, befindet sich in der Görlitzer Thälmann-Straße. Ihre vordringlichste Aufgabe ist die Sicherung wirtschaftlich und militärisch wichtiger Objekte im Kreis, ganz oben auf der Liste steht dabei der VEB Waggonbau Görlitz. Aber was sich da sonst noch so im Untergrund bewegt und das Zeug hat, zu einem politischen Problem zu werden, interessiert die »Genossen vom Konsum«, wie die Mitarbeiter des MfS gelegentlich tituliert werden, natürlich auch. Und das nicht nur, weil es gerade einmal vierzehn Jahre her ist, dass einige Tausend Görlitzer am 17. Juni auf die Straße gegangen waren und öffentliche Gebäude gestürmt hatten, darunter das Gefängnis neben dem Kreisgericht, wo an die vierhundert Frauen zumeist wegen Wirtschaftsdelikten einsaßen. Das ist noch lange nicht vergessen, da ist man wachsam, die Wunde noch nicht vernarbt. Man möchte nicht wieder gesellschaftliche Prozesse verschlafen und von den Ereignissen überrollt werden.

Er habe, so Hauptmann Künzel, also mit Werner über den Fall gesprochen, und der habe gemeint, dass wir die Ermittlungen ausdehnen sollten. Sie, also die Genossen der KD, hätten von ihren Informanten Hinweise auf diese obskuren Herrenabende in der Pfeiffer-Villa bekommen. »Nichts dagegen zu sagen, wenn sich einige Geschäftsleute in ihren Häusern treffen, um sich einen hinter die Binde zu kippen. Feiern ist nicht verboten. Doch Missbrauch von Minderjährigen schon!« Das habe der Werner so gesagt.

Oberleutnant Krause wirft ein: »Paragrafen 149 und 150 Strafgesetzbuch. Wer sie nicht im Kopf hat, den will ich erinnern.« Er zückt ein Blatt und liest ab: »›Ein Erwachsener, der einen Jugendlichen anderen Geschlechts zwischen vierzehn und sechzehn Jahren unter Ausnutzung der moralischen Unreife durch Geschenke, Versprechen von Vorteilen oder in ähnlicher Weise dazu missbraucht, mit ihm Geschlechtsverkehr auszuüben oder geschlechtsverkehrsähnliche Handlungen vorzunehmen, wird mit Freiheitsstrafe bis zu zwei Jahren oder mit Verurteilung auf Bewährung bestraft.‹ Das war der 149er. Der 150er: ›(1) Ein Erwachsener, der unter Ausnutzung seiner Stellung einen Jugendlichen anderen Geschlechts zwischen vierzehn und sechzehn

Jahren, der ihm zur Erziehung oder Ausbildung anvertraut ist oder der in seiner Obhut steht, zu sexuellen Handlungen missbraucht, wird mit Freiheitsstrafe bis zu drei Jahren oder mit Verurteilung auf Bewährung bestraft. (2) Ein Erwachsener, der unter denselben Voraussetzungen einen Jugendlichen anderen Geschlechts zwischen sechzehn und achtzehn Jahren zum Geschlechtsverkehr oder zu geschlechtsverkehrsähnlichen Handlungen missbraucht, wird mit Freiheitsstrafe bis zu drei Jahren oder mit Verurteilung auf Bewährung bestraft.‹

Wenn ich die Zeugin Voß richtig verstanden habe, waren auf dieser privaten Feier mehrere junge Mädchen unter achtzehn Jahren. Diesem Hinweis müssen wir nachgehen!«

Künzel, der K-Leiter, nickt zur Bekräftigung. Er sitzt bereits wieder und bedeutet Krause, dass der fortfahren solle. Der Oberleutnant hat sich auf diese Besprechung vorbereitet, bereits Einsatzpläne und die nächsten Schritte fixiert. Man müsse zunächst alle beteiligten Personen, deren Namen bislang bekannt geworden sind, befragen und dabei weitere Teilnehmer ermitteln. Margit Voß habe von etwa zwanzig Leuten gesprochen: den Hausherrn Reinhard Pfeiffer, Horst Strunz, der sie gebissen hat, den Fotografen Gerd Lemke und den Juwelier Herbert Ophal.

»Das sind ja alles bekannte Namen. Nicht polizeibekannte, wohl aber stadtbekannte Leute«, staunt ungeschützt einer der Kriminalisten und meldet Zweifel an. »Durch die Bank ehrenwerte Bürger. Und du meinst nicht, dass dir die Voß einen Bären aufgebunden hat?«

Karl Krause schüttelt den Kopf. Das glaube er nicht. Warum sollte sie die erste Reihe der Görlitzer Geschäftswelt anschwärzen? Der Frau sei durchaus bewusst gewesen, was eine Falschaussage für Konsequenzen hat, zumal er sie darauf hingewiesen habe. Sie hätte die Männer ja auch nicht direkt belastet, sondern nur gesagt, dass sie zugegen waren. Der einzige, den sie namentlich beschuldigte, sei Horst Strunz. Der hat sie schließlich auch gebissen, also die Straftat begangen, wegen der man jetzt ermittle.

Es meldet sich ein jüngerer Kriminalist, Schipka.

»Also ich weiß nicht. Margit Voß hat ausgesagt, dass Mädchen dort waren. Sie mutmaßt, dass die keine achtzehn, also im juristischen Sinne minderjährig sind. Es ist aber kein Straftatbestand, als Nichterwachsener an einer Zusammenkunft von Erwachsenen teilzunehmen. Und wenn sie dort Alkohol getrunken haben – auch das ist nicht unbedingt strafbar. Bier, Wein und Zigaretten darf man mit Sechzehn legal konsumieren. Wir wissen, dass die meisten bei der Jugendweihe ihren ersten Rausch haben. Und da sind sie erst vierzehn. Also sollten wir nicht so einen Bohei machen.« Von »sexuellen Handlungen« oder von »geschlechtsverkehrsähnlichen Handlungen« habe er in der Zeugenaussage nichts gelesen. »Oder weißt du mehr, Karl? Hast du es nur vergessen, das in deinem Protokoll zu erwähnen?«

Die umsitzenden Kollegen trommeln mit den Knöcheln auf den Tisch. Sie teilen hörbar die Meinung. Allerdings ist nicht in jedem einzelnen Falle dafür das Motiv klar. Ist es simple Solidarität mit den Geschlechtsgenossen oder den Geschäftsleuten, die unter Umständen einen Ruf zu verlieren haben? Oder der

Wunsch, nicht in einer augenscheinlich schlüpfrigen Angelegenheit ermitteln zu müssen?

»Das ist doch alles ein wenig unappetitlich«, stärkt ein älterer Ermittler dem jungen Schipka den Rücken. »Wollen oder sollen wir da mehr sehen, als vielleicht tatsächlich passiert ist?«

Die Spitze richtet sich eindeutig gegen den K-Leiter Künzel.

Und der versteht sie durchaus. »Richard, ich teile deine Auffassung: Wir sollten nicht Flöhe husten hören, wo keine Flöhe sind. Aber für mich gilt auch: kein Rauch ohne Feuer. Und hier qualmt es.« Der Hauptmann fügt noch als Erklärung an: »Die Herren laden doch keine jungen Mädchen ein, um mit ihnen Rommé zu spielen. So naiv sollten wir wahrlich nicht sein.«

Der junge Kriminalist meldet sich erneut zu Wort. »Ich zweifle auch an der Harmlosigkeit dieser Runde. Ich wollte lediglich davor warnen, dass wir uns bereits vor Beginn unserer Ermittlungen auf ein Resultat festlegen und dann nur noch nach Beweisen suchen, die unsere Annahmen bestätigen. Wir sollten offen sein für alle Möglichkeiten. Selbst für dafür, dass sich ein paar alte Gockel mit ein paar jungen Hühnern einen lustigen Abend gemacht haben. Und das ist nicht verboten.«

»Sofern eine bestimmte Grenze nicht überschritten wird!«, kommt ein Zwischenruf.

»Sofern eine bestimmte Grenze nicht überschritten wird«, wiederholt Leutnant Schipka. »Das festzustellen ist unsere Aufgabe. Nur das.«

Jeder am Tisch weiß, was was mit dem Nachsatz gemeint ist. Darin sind sich alle einig.

Karl Krause, Oberleutnant der K, verteilt Aufgaben und Ratschläge. Man werde die ins Visier geratenen Personen auf keinen Fall ins VPKA vorladen, sondern sie diskret entweder daheim oder in den Geschäften befragen. Das gelte insbesondere für die Mädchen, deren Namen man herauszufinden hofft. Täglich 8 Uhr solle in der Morgenrunde berichtet werden. Er gehe davon aus, schließt Krause, dass spätestens in zwei Wochen die Sache zur Staatsanwaltschaft gehen kann. So kompliziert sei die Sache nicht, und aktuell liege nichts Vordringliches an.

»Das schaffen wir auch in einer Fünf-Tage-Woche«, sagt der K-Leiter Künzel zur Erheiterung aller, als man auseinandergeht. »Ab der ersten Mai-Woche ist der Samstag arbeitsfrei!«

Was fangen wir bloß mit der vielen Freizeit an, stöhnt das Kriminalisten-Kollektiv.

Die Berliner Straße beginnt am Postplatz und endet am Bahnhof. Sie ist lang und belebt, Geschäft reiht sich an Geschäft. Unter denen auch der Papierladen von Strunz. Hier kaufen die Görlitzer Schulhefte, Bleistifte, Regenschirme, Zuckertüten und die Touristen Postkarten und Stadtpläne. Das Geschäft brummt, Konkurrenz gibt es kaum vor Ort. Auch Krause ist gelegentlich Kunde. Das Büchlein im Format A5, in das er seine Notizen einträgt, hat er von hier. Der Oberleutnant der K führt es stets in der rechten Jacketttasche bei sich. Die Türklingel macht dingdong, als er in den Laden tritt: ein langer Schlauch, zur linken steht der Verkaufstisch mit der Ladenkasse, dahinter eine Frau jenseits der Fünfzig. Die Haare sind straff nach hinten gekämmt und bekrönt von einem mächtigen Dutt, der sich bei näherer Betrachtung als hauchdünnes Haarnetz erweist, gefüllt mit eigenen Haaren. Krause hat Zeit, sich umzusehen, denn die Verkäuferin bedient ohne Hast eine Kundin.

Dann ist die endlich fertig, packt alles in ihr Einkaufsnetz und verlässt den Laden. Erst jetzt meldet sich Krause. Er erkundigt sich, ob der Chef da sei, der Herr Strunz.

Die Verkäuferin mustert ihn kritisch und fragt verständlicherweise, worum es gehe. Krause antwortet, es sei privat. Mehr nicht. Er zeigt auch keinen Dienstausweis.

Da müsse sie erst einmal nachschauen, sagt sie und geht zum Ende des Schlauches. Dort verschwindet sie hinter einer Tür. Nach einer Weile kehrt sie wieder und sagt, Herr Strunz sei gesprächsbereit. Und weist mit einer eleganten Geste in Richtung Tür.

Krause bedankt sich und macht sich auf den Weg.

Der Raum ist Warenlager und Büro in einem. Es riecht nach Papier, was Krause nicht unbedingt als unangenehm empfindet. Mittendrin sitzt ein Mann in einem Armlehnstuhl, vor ihm auf dem Tisch stehen einige Schachteln. Den Inhalt kann Krause nicht erkennen, obwohl einige geöffnet sind. Holzwolle quillt heraus.

Der Oberleutnant stellt sich vor. Der Mann im maßgeschneiderten Anzug mit den grau melierten Haaren nickt, er habe ihn erwartet, sagt er mit belegter Stimme.

»Sie wissen also, weshalb ich hier bin?«

»Natürlich. Es tut mir auch so schrecklich leid.«

»Na«, reagiert Krause ablehnend auf dieses erkennbare Selbstmitleid, »zerknirschen Sie sich mal nicht so.

Stellen Sie sich mannhaft Ihrer Verantwortung, Herr Strunz.«

»Tue ich doch.«

»Sie meinen wirklich, es sei mit einer einfachen Entschuldigung bei Frau Voß getan?«

»Will sie Schmerzensgeld?«

»Ich bin kein Inkasso-Unternehmen. Ich ermittle wegen eines Straftatbestandes, der schwere Körperverletzung heißt.«

Das graue Haupt senkt sich. »Ich weiß doch auch nicht, was da über mich gekommen ist.« Erst jetzt bemerkt er, dass der Besucher noch immer steht. Strunz entschuldigt sich wegen seiner Unaufmerksamkeit und weist Krause einen Stuhl zu. Der setzt sich. Ob er ihm etwas anbieten könne?

Er sei im Dienst, sagt der Kriminalist. Und zückt sein Notizbuch.

»Fragen Sie bitte nicht nach den Details«, wehrt der sichtlich derangierte Ladenbesitzer ab. »Ich kann mich nicht mehr daran erinnern.«

»Weil es Ihnen peinlich ist, vermute ich mal.«

Natürlich sei ihm die Sache auch peinlich, sagt Strunz mit stockender Stimme. Aber er habe einen totalen Filmriss als Folge übermäßigen Alkoholgenusses gehabt.

»Herr Strunz«, beginnt Krause nach einer längeren Pause, in der er etwas in sein Büchlein geschrieben hat, »was war das überhaupt für eine Feier, auf der Sie diesen Filmriss hatten?«

»Nichts Besonderes. Herr Pfeiffer hatte uns in sein Haus eingeladen.«

»Wer ist ›uns‹? Und macht er das öfter?«

»Sie kennen ihn?«

»Kennen ist zu viel gesagt. Wir hatten als Polizei noch nie mit ihm zu tun. Ich weiß, dass er ein gut geführtes, erfolgreiches Geschäft betreibt.«

»Nun, damit ist er schon hinlänglich charakterisiert«, sagt Strunz. »Reinhard Pfeiffer führt nicht nur sein Geschäft erfolgreich, sondern er ist insgesamt gut im Geschäft.«

»Wie meinen Sie das?«

Strunz hält irritiert inne, als fürchte er, ein falsches Wort benutzt zu haben. Krause registriert diese kaum merkliche Regung.

»Nun, sein Laden und die Werkstatt laufen sehr gut. Deshalb kann er sich eben einiges leisten. Mehr als die meisten von uns. Ich meine uns Ladenbesitzer. Und da er wirklich ein freigiebiger Mensch ist, lädt er gelegentlich ein. So auch am vergangenen Freitag.«

Hm, macht Krause. »Einfach so? Ohne Anlass? Kann ich mir nicht vorstellen.«

Strunz lächelt. Es ist das erste Mal in diesem Gespräch, dass sich seine Mundwinkel leicht nach oben bewegen. »Vielleicht liegt das nur daran, dass Sie kein Geschäftsmann sind. Sie sind Angestellter, Staatsdiener, müssen nicht um Ihre Existenz kämpfen. Am Monatsende gibt es immer die Lohntüte. Als Selbstständiger hat man diese Sicherheit nicht. Da muss täglich um die Existenz gekämpft werden. Bleibt der Laden leer, kommt auch nichts in die Kasse. Miete, Strom, Versicherungen, Gehälter, Warenlieferungen, Steuern, Krankenkasse … alles läuft weiter und muss bezahlt werden. Das Geld muss ich erst verdienen. Sie hingegen nährt Vater Staat – uns Geschäftsleute nicht.«

»Mir kommen gleich die Tränen«, sagt Krause. Die Ironie widerspiegelt seine Überzeugung. »Vater Staat nährt auch Sie, Herr Strunz. Sie bezahlen in der Kaufhalle die subventionierten Lebensmittel, fahren für 20 Pfennig mit der Straßenbahn, lesen eine Tageszeitung, das Monats-Abo ist Dreimarkfünfzig, Ihre Theaterkarten werden subventioniert wie die Kindersachen, die Sie Ihren Enkeln kaufen … Nun ja, zurück zum Thema, ich will Sie nicht unnötig agitieren. Ich habe Sie gefragt, warum der Herr Pfeiffer einlädt. Und wen er einlädt.«

»Es sind Geschäftsfreunde, Partner, und wir reden darüber, wie man die Ertragslage für jeden Einzelnen verbessern kann.«

»Wie kann ich das verstehen?«

»Einer hilft dem anderen, gibt Tipps, was man ins Angebot nehmen kann und so weiter. Sehen Sie, hier habe ich die Muster von Räuchermännchen.« Strunz wühlt eine Holzfigur aus dem Karton. »Weihnachten ist noch lange hin, sicher, wir sind noch mitten im Frühjahr. Aber das Weihnachtsgeschäft macht man im Herbst, und im Sommer füllt man das Lager mit Bestellungen, die man jetzt aufgibt.«

»Räuchermännchen und Nussknacker gehören nicht unbedingt zum Angebot eines Papierladens.«

»Sehen Sie: So habe ich bisher auch gedacht. Pfeiffer hat mich auf die Idee gebracht und den Kontakt zu einem Hersteller in Seiffen vermittelt.«

»Ist das denn legal, ich meine: Die Betriebe produzieren doch auch dort nach Plan, selbst wenn sie privat sind. Da ist doch jeder Holzengel schon verkauft, ehe er geschnitzt wird.«

Ach, macht da der Geschäftsmann Strunz, es gebe überall Reserven, und die Ökonomie sei ein weites Feld. Eine Hand wasche die andere, das sei auch in der Planwirtschaft so. Er lacht jetzt sogar.

»Das heißt also, die Treffen bei Herrn Pfeiffer sind lediglich eine Nachrichten- und Kontaktbörse von Görlitzer Geschäftsleuten«, fasst Krause zusammen.

»Manchmal sind auch welche von außerhalb dabei.«

»Und manchmal auch Damen wie Frau Voß und deren Freundin Veronika«, setzt der Oberleutnant fort. »Die eine ist Sekretärin, die andere Schuhverkäuferin. Nicht unbedingt ›Geschäftsleute‹.« Er notiert in sein Büchlein: »Pfeiffer veranstaltet Nachrichten- und Kontaktbörsen.«

Strunz macht eine wegwerfende Handbewegung. »Nur Männer unter sich – das ist doch langweilig. Aber im Ernst: Die Frauen gehörten überwiegend wohl zum Personal.«

»Frau Voß und ihre Freundin haben doch wohl eher nicht serviert oder den Rauchern Feuer gereicht.«

»Ja, mag sein«, reagiert Strunz gereizt. Er habe den weiblichen Gästen keine sonderliche Aufmerksamkeit geschenkt, zumal in seinem Alter die Zuwendung zum anderen Geschlecht spürbar nachlasse. Er strich sich wie zur Demonstration übers ergraute Haupthaar.

»Dann verstehe ich aber nicht Ihr heftiges Interesse an Frau Voß, die Sie augenscheinlich zum Fressen gern hatten ...«

»Das war ein einmaliger Ausrutscher.«

»Das will ich Ihnen mal glauben. Sonst hätten wir wohl noch mehr Anzeigen erhalten.«

174

Wieder notiert sich Krause etwas. Dann setzt er fort: »Da soll unter den Geschäftsleuten auch ein Fotograf gewesen sein …«

»Das war der Lemke. Der hat einen Fotoladen. Fünfzig Meter von hier, auch an der Berliner Straße. Passbilder, Freundschaftsbilder, Hochzeitsfotos, die ganze Palette.«

»War er als Geschäftsmann dort oder als Fotograf?«

»Vermutlich beides.«

»Und den hatte Pfeiffer ebenfalls eingeladen?«

»Gewiss, sonst wäre er ja nicht dort gewesen.«

»Für wen fotografiert der Herr Lemke bei solchen Zusammenkünften? Für die Zeitung vermutlich nicht, das wäre mir aufgefallen.«

»Keine Ahnung. Vielleicht fürs Familienalbum. Fragen Sie ihn doch selbst.«

»Das werde ich gleich tun. Sie können mich ja telefonisch avisieren.«

»Ich habe kein Telefon. Meine Bestellung bei der Post läuft seit zehn Jahren«, knurrt Strunz. »Und wie geht es nun in meiner Sache weiter? Dass diese von den Behörden diskret behandelt wird, setze ich voraus. Oder muss ich mich da auf eine öffentliche Schlammschlacht gefasst machen und meinen Laden schließen?«

Er sei kein Jurist, meint Krause ausweichend, das werde das Gericht entscheiden.

»Gericht?« Das Gesicht von Horst Strunz verfärbt sich leicht. »Ich dachte, dass sich die Angelegenheit außergerichtlich klären lässt. Meinen Sie wirklich, dass es so weit kommt?«

»Ich sagte doch schon: Ich bin kein Jurist. Die Entscheidung liegt beim Staatsanwalt. Der wird sehen, ob es sich um eine vorsätzliche oder um eine schwere Körperverletzung handelt, das kann mit einer Geldstrafe abgehen oder mit einer Haftstrafe geahndet werden.« Und als Krause das nackte Entsetzen im Gesicht seines Gegenübers sieht, schiebt er mitleidig nach. »Die Strafe kann auch zur Bewährung ausgesetzt werden. Aber noch mal: Ich bin kein Richter. Warten Sie einfach ab – Sie erhalten Nachricht. Wir ermitteln nur, die Entscheidung trifft das Gericht.«

Oberleutnant Krause erhebt sich, Strunz macht ebenfalls Anstalten. »Lassen Sie mal«, sagt Krause. »Ich finde mich schon.«

Zur gleichen Stunde ist der junge Leutnant Schipka unterwegs zum Obermarkt. Er steuert das Schuhgeschäft der HO an, in der Veronika Feller als Verkäuferin arbeitet. Er marschiert an knallroten Transparenten vorbei, die die Beschlüsse des VII. Parteitages der SED feiern, der in der vergangenen Woche getagt hatte. Wenn wir doch mit allem so fix wären wie mit dem Pinseln von Parolen, denkt er. Man feiert die in Berlin beschlossene Einführung der Fünf-Tage-Woche. Gut so, freut sich der Familienvater. Dafür wurden der Tag der Befreiung, der Ostermontag, Himmelfahrt, der Buß- und Bettag sowie der Reformationstag als Feiertage gestrichen. Das steht da jedoch nicht. Na gut, muss man ja nicht laut in die Welt posaunen, ist aber auch Teil der Wahrheit.

Der Schuhladen ist um diese vormittägliche Stunde nicht sonderlich stark besucht. Das würde sicher anders sein, wenn aktuell neue Ware hereingekommen wäre. Eine solche Nachricht verbreitet sich stets wie ein Lauffeuer in der Stadt. Zumindest die modebewussten Frauen sind binnen Minuten alarmiert und auf den Beinen.

Er suche die Kollegin Feller, erklärt Schipka an der Kasse, und bekommt als wortlose Auskunft ein leichtes Kopfnicken, das nach links weist. »Ist sie das?«

Diesmal neigt sich das Haupt der Stummen ein wenig nach vorn, was wohl Ja heißen soll.

»Danke«, sagt Schipka und schluckt seinen Unmut herunter. Er kennt diesen Typ leider zur Genüge. Verkäuferin oder Verkäufer, die wissen, dass sie etwas besitzen, was andere gern hätten: modische Schuhe, Tiefkühltruhen oder Termine in der Autowerkstatt. Nicht der Kunde ist König, sondern wer über die Macht der Verteilung und Verwendung verfügt.

Für Schipka ist klar, worin der Sinn jener Treffen besteht, von denen Krause heute berichtet hatte. Die Ladenbesitzer schieben sich gegenseitig die Nuggets zu: Gibst du mir, geb ich dir … Das simple Prinzip funktioniert prächtig in Zeiten des Mangels.

»Frau Feller?«

Die attraktive Blonde mit auffällig langen, aus der blauen Kittelschürze herausragenden Beinen nickt gnädig. Mein Gott, flucht Schipka im Innern, kriegen die hier alle nicht die Zähne auseinander? Er bleibt dennoch freundlich. »Kann ich Sie mal unter vier Augen sprechen?«

»Warum?« Nun spricht sie tatsächlich. Wenn auch nicht viel, aber immerhin.

»Es geht um den Freitag und um Ihre Freundin Margit Voß.«

»Muss das hier sein?« Sie wirft einen gleichermaßen prüfenden wie verärgerten Blick in Richtung Kasse, von der aus sie neugierig beobachtet wird. »Nein, wir können auch vor die Tür gehen.«

»Gute Idee«, sagt die Schönheit mit dem beeindruckenden Fahrgestell und setzt sich in Bewegung. »Ich geh mal eine rauchen«, ruft sie der Kassenwärterin zu, »gibt ja eh nichts zu tun.«

Schipka folgt ihr gehorsam ins Freie. Veronika Feller wählt einen Platz, der nicht von drinnen einsehbar ist, kramt aus ihrer Schürzentasche eine Schachtel Orient und schiebt sich das Goldmundstück zwischen ihre mit kräftigem Rot belegten Lippen. Wer sich die Zehnerpackung für 2,40 Mark leisten kann, denkt Schipka, muss es sich leisten können. Eine normale Verkäuferin von ihrem Gehalt gewiss nicht.

Veronika Feller sieht den Blick auf die Schachtel in ihrer Hand und lacht kurz auf. »Ist noch von Freitag. Die kaufe ich mir sonst auch nicht.«

Nun hält es Schipka doch für angezeigt, den Dienstausweis zu zücken und sich vorzustellen. Und um was es sich handele, müsse er wohl nicht erklären. Sie selbst habe ja Frau Voß zur Notaufnahme begleitet. Die habe Anzeige wegen Körperverletzung erstattet.

»Ja, ich weiß«, sagt die Blonde und bläst den Qualm dicht an Schipkas Gesicht vorbei.

»Frau Voß hat ausgesagt, dass sie zu dieser Feier in der Pfeiffer-Villa wegen Ihrer Einladung war. Wie kam es dazu?«

»Dass ich sie mitgenommen habe?«

»Weil sie Ihre Freundin ist, ich weiß.« Der Leutnant winkt ab. »Mich interessiert, warum sie beide überhaupt dort waren.«

»Weil mich Herr Pfeiffer eingeladen hat.«

»Warum?«

»Warum, warum. Sie fragen wie ein fünfjähriges Kind.«

Schipka lächelt und schweigt. Veronika Feller zieht heftig an ihrer ovalen Zigarette. Sie wirkt nervös. Schipka wartet.

»Wir sind befreundet.« Die Antwort kommt kurz und bündig.

»Was kann ich darunter verstehen?«

»Mein Gott«, entfährt es ihr sichtlich genervt, »Pfeiffer und ich haben ein Verhältnis. So, nun wissen Sie es.« Sie wirft die halbe Zigarette aufs Pflaster und tritt sie aus. »War's das?«

Der Leutnant schüttelt den Kopf mit den kurz geschnittenen Haaren. »Ich würde gern von Ihnen hören, wie es zu diesem Übergriff gekommen ist. Sie wissen schon.«

»Ich habe nicht die Lampe gehalten«, sagt sie patzig. »Ich habe es erst mitbekommen, als Margit schrie.«

»Waren Sie mit im Raum? Wo genau ist das passiert?«

»Pfeiffers Haus ist groß, es hat viele Zimmer.«

»Sie weichen aus. Ich wiederhole: Wo genau ist es passiert?«

»In der geräumigen Diele, die ist groß wie ein Tanzsaal. Dort stand an der Fensterfront auch das Kalte Buffet mit den Leckereien.«

»Und in der Diele hielten sich auch andere Gäste auf?«

Die Schuhverkäuferin nickt. Die meisten seien mit sich beschäftigt gewesen, alle waren bereits ziemlich breit. »Und einige Pärchen hatten sich …« Sie hält inne und beißt sich auf die Zunge.

»Was für Paare? Ich denke, es sollen nur Geschäftsfreunde ohne Begleitung, also keine Ehefrauen, dort gewesen sein?« Der Leutnant schnappt den unabsichtlich ausgeworfenen Köder. Den hält er fest. »Frau Feller, was meinten Sie damit?«

»Wollten Sie nicht wissen, wo das mit Margit passiert ist?«

»Das sagten Sie ja bereits: in der großen, geräumigen Diele, wo auch das Kalte Buffet stand. Dort haben sie es vor den anderen getrieben. Die haben das nicht bemerkt, weil sie selbst beschäftigt waren. Ich habe alles verstanden. Ich will etwas über die anderen Paare wissen. Wer die Männer gewesen sind, ist bekannt: Geschäftsleute aus Görlitz. Aber die Frauen? Wir wissen bisher nur von zweien: von Ihnen und Ihrer Freundin. Wer war noch da?«

Veronika Feller stößt laut und vernehmlich Luft aus, es ist ein verächtliches Phhh. »Frauen?« Sie rollt mit den Augen. »Die wollten erst noch welche werden! Das waren doch noch halbe Kinder. Ich weiß auch nicht, wer die angeschleppt hat.«

»Wie bitte?« Ist die Schuhverkäuferin stutenbissig? Duldet sie keine Konkurrenz im Hause ihres SugarDaddys? Leutnant Schipka ist hellwach und will nachstoßen.

Sie rudert zurück. »Naja, Kinder ist vielleicht übertrieben. Sagen wir mal so: Die Frauen waren blutjung. Hat nichts mit Blut, sondern mit Blühen zu tun. Sie standen in der Blüte des Lebens ...«

»Wieso standen? Sie leben doch noch. Hoffentlich«, schiebt Schipka nach.

»Natürlich, ist nur so eine Redensart.«

»Sie kennen diese Mädchen nicht? Wissen nicht, woher sie kamen, wer sie mitgebracht hatte und welche Rolle sie an dem Abend spielten?«

Die Verkäuferin schüttelt den Kopf. »Hat mich auch nicht interessiert. Die waren halt da.«

»Sind Sie auf der Feier geblieben, nachdem das mit Ihrer Freundin passiert ist?«

»Nee, das hat mir gereicht. Margit und ich sind sofort gegangen. Reinhard hat mich noch bewegen wollen zu bleiben, aber ich hatte genug. Nur besoffene alte Säcke, die einen auf dicke Hose machen, aber sonst keinen mehr hoch kriegen … Und dann diese perverse Attacke von diesem Strunz.«

Die Empörung scheint echt, zumindest wirkt der Ekel überzeugend und legt genügend Distanz zwischen die Zeugin und die Vorgänge in der Villa. Schipka ist unsicher, ob die junge Frau nicht genau diesen Eindruck bei ihm erzeugen wollte. Denn wenn er nach jetzigem Kenntnisstand nüchtern die Fakten bewertet, muss Veronika Feller mehr wissen, als sie einräumt. Und zwar deshalb, weil sie vermutlich in die Vorgänge in der Villa involviert ist. Sie hat ein Verhältnis zum Hausherrn und will nicht gewusst haben, welche Frauen dort getanzt haben? Da lachen ja die Hühner.

Sie müsse jetzt wieder rein, sagt sie und strafft die blaue HO-Kittelschürze. »War's das?«

»Vorerst ja«, sagt der Leutnant. Falls es noch Fragen gebe, werde er sich wieder bei ihr melden. Und wenn es zu einem Verfahren gegen Strunz kommen sollte – wovon er fest überzeugt sei –, werde das Gericht sie gewiss als Zeugin vorladen.

Veronika Feller stakst grußlos davon.

Zweimal bimmelt die Glocke. Als Krause die Tür öffnet, und als er sie wieder schließt. Der Geschäftsraum ist winzig. In einer Vitrine liegen alte Fotoapparate, Platten- und Klappkameras mit Balg, Kleinbild- und Boxkameras mit zwei Linsen, Stereokameras und Spiegelreflexkameras, Schmalfilmkameras, Geheim- und Minifotoapparate … Es ist schon erstaunlich, denkt Krause angesichts dieser Vielzahl ausgestellter Knipsgeräte, was sich in über hundert Jahren Lichtbildnerei die Leute ausgedacht haben. Ehe er sich jedoch dem weiteren Studium des Verkaufsraumes hingeben kann, tritt ein Mann aus der dunklen Tiefe. »Guten Tag«, sagt er und entschuldigt sich, er habe im Atelier gearbeitet. »Womit kann ich dienen?«

Krause erwidert den Gruß und zieht seine Dienstmarke hervor. »Sie haben eine beachtliche Sammlung alter Kameras«, sagt er und weist auf den großen Glasschrank.

»Nicht wahr. Auf die Kollektion bin ich sehr stolz. Sie haben ja gar keine Ahnung, was die Leute alles wegwerfen, seit es ihnen etwas besser geht. Alles muss jetzt neu, neu, neu sein. Nicht alles, was neu ist, ist aber auch besser. Das haben die wenigsten bisher begriffen. Sie wollen konsumieren … Aber deshalb sind Sie doch nicht hier. Und ein Passbild brauchen Sie auch nicht. Sie haben ja Ihre Messingmarke. Ich dachte, die hätte die Kriminalpolizei schon längst abgeschafft.«

Krause lächelt. »Ist wohl nur noch eine Frage der Zeit. Es werden schon länger keine neuen mehr ausgegeben. Nur noch Dienstausweise … Wenn ich auch einen brauche, dürfen Sie mich fotografieren.«

Polizeimarke von Oberleutnant der K Karl Krause

Der Mann lacht und zeigt seine gepflegten Zähne unter einem weißen Schnurrbart. Lemke geht auf die sechzig zu und ist gut gekleidet, aus der Brusttasche der schwarzen Klubjacke aus Cord ragt ein rotes Einstecktuch. Der trägt gewiss auch Klunkern, denkt Krause bei diesem Anblick. Und als der Mann seine Hände, die er bislang hinterm Rücken verschränkt hielt, nach vorn bringt, um zu gestikulieren, entdeckt Krause auch den schweren goldenen Siegelring an der rechten Hand, und an der Linken glänzt ein Rubin, ebenfalls wuchtig in Gold gefasst.

»Schöner Ring«, sagt Krause, obwohl er beide protzig findet. Überhaupt: Männer und Schmuck, igitt.

»Welchen meinen Sie?« Lemke streckt ihm stolz alle zehn Wurstfinger entgegen. »Der mit dem Stein ist ein Erbstück.«

Den meine er, lügt Krause, und zaubert damit ein Lächeln in das Gesicht des Besitzers. Das seien seine beiden liebsten. Die Stimme ist so pomadig wie das gescheitelte Haupthaar. In Krauses Innerem steigt Widerwillen, der bereits an Ekel grenzt, spürbar auf.

»Herr Lemke, Sie wissen, weshalb ich hier bin?«, wird Krause dienstlich.

»Keine Ahnung.«

»Ich komme wegen des vergangenen Freitags.«

Das Gesicht zeigt keinerlei Veränderung.

»Wegen der Feier in der Villa Pfeiffer.« Krause hilft nach.

Lemke schlägt sich mit der flachen Hand an die Stirn, als dämmere es ihm jetzt. »Stimmt, am Abend hatte ich einen Termin.«

Was heiße das: Termin? Der Oberleutnant der K stellt sich unwissend.

»Ich wurde gebeten zu fotografieren.«

»Von wem und zu welchem Zweck? Die Frage habe ich übrigens auch Herrn Strunz gestellt, bei dem ich gerade war. Der sagte mir, dass ich Sie fragen solle. Er konnte es mir nicht sagen.«

Lemke wirkt nun doch irgendwie irritiert. Als sei es ihm unangenehm, dass man ihn überhaupt darauf anspricht. Wieso komme der Herr Oberleutnant dazu, bei Dritten Erkundigungen über ihn einzuholen? Das finde er doch reichlich merkwürdig.

»Nun mal langsam«, sagt der Kriminalist, »wir ermitteln in einer Straftat, die am Freitag in der Villa Pfeiffer verübt wurde. Wir befragen dazu Personen, die in jener Zeit im Hause waren. Sie wurden von mehreren Zeugen namentlich genannt, und übereinstimmend hieß es, Sie hätten eine Kamera dabeigehabt.«

»Ich habe nichts damit zu tun«, reagiert Lemke aufgebracht.

184

»Womit?«

»Na, mit der Straftat.«

»Sie wissen doch gar nicht, um was es geht. Zumindest habe ich nichts Konkretes gesagt.«

»Egal, ich habe nichts gesehen und nichts gehört. Ich habe meine Fotos gemacht und bin gegangen.«

»Bevor ich Sie nach den Fotos frage: Es heißt, dass Sie nicht nur als Fotograf eingeladen waren, sondern auch als Geschäftsmann. Es habe sich um ein Treffen Görlitzer Unternehmer gehandelt, einen Klubabend, wie er regelmäßig stattfindet.«

Lemke wiegelt ab. Das treffe zwar zu, aber das seien bloß lose Verbindungen, hin und wieder gebe es ein geselliges Beisammensein. Nichts Organisiertes.

Und was bespreche man dann so unter geselligen Geschäftsleuten, erkundigt sich Krause. Die Süffisanz in der Stimme ist nicht zu überhören.

Dies und das, antwortet Lemke, etwa wie man sich gegenseitig unterstützen kann. Die gegenwärtigen Zeiten sind lausig fürs Geschäft.

»Kommen Sie«, lacht Krause. »Wenn man private Geschäftsleute hört, ist jede Zeit lausig fürs Geschäft. Ich kann mich noch an das Barmen meines Großvaters in den zwanziger, dreißiger Jahren erinnern. Er hatte einen kleinen Milchladen. Im Krieg war alles lausig und danach, in der Nachkriegszeit, erst recht. Und nun lamentieren Leute wie Sie, dass ihnen die Planwirtschaft die Luft abschnüre und die Geschäfte deshalb schlecht laufen.«

»Wollen Sie mich agitieren?«

»Nee, Sie zu einer unplanmäßigen Straftat befragen.« Krause wird etwas lauter.

»An der ich weder beteiligt war noch überhaupt zur Sache etwas beitragen kann, weil ich nichts davon mitbekommen habe.«

»Sie haben mich noch immer nicht gefragt, was das für eine Straftat war, zu der wir ermitteln. Aber erklären gleich, dass sie davon nichts bemerkt hätten.«

Als tue er dem Oberleutnant im Grunde einen Gefallen, fragt Lemke jetzt nach. Und als der ihm sagt, worum es geht, schüttelt er resolut den Kopf. Davon habe er nichts mitbekommen. Er habe zwar einen kurzen Schrei vernommen, doch der kam von nebenan. Außerdem sei es ohnehin laut zugegangen. »Sie wissen doch: der Alkohol.«

Das sei ein gutes Stichwort, nimmt Krause den Gedanken auf. Wein und Sekt und auch Härteres sollen reichlich geflossen sein.

Lemke lächelt.

»Dem Opfer wurde in die Brust gebissen. Die war entblößt.«

»So meinen Sie das. Verstehe.«

»Sie soll nicht die einzige Dame am Freitag gewesen sein, die, nun ja, ein wenig freizügig war. Haben Sie sie fotografiert?«

»Weiß ich nicht«, sagt Lemke. »Kann sein. Ich habe die Filme noch nicht entwickelt.«

»Sie müssen sich doch erinnern, wen Sie alles vor der Linse hatten.«

Der fotografierende Geschäftsmann schüttelt das pomadige Haupt. Er sei am Ende auch nicht mehr ganz nüchtern gewesen, entschuldigt er sich, könne darum also nicht mehr sagen, wann und wo er auf den Auslöser gedrückt hat.

Das glaube er ihm nicht, reagiert Krause zunehmend verärgert. »In den ersten Stunden werden Sie vermutlich sehr nüchtern auf Fotopirsch gewesen sein. Reden Sie, oder ich lasse alles Fotomaterial beschlagnahmen, das Sie in Ihrer Dunkelkammer haben.«

»Das dürfen Sie gar nicht.«

»O doch. Die Staatsanwaltschaft wird meiner Argumentation folgen und die Bilder als Beweismittel anfordern. Also werden Sie gemäß richterlicher Anordnung alles herausrücken müssen. Und wenn wir nichts finden, kriegen Sie Ärger wegen der Beseitigung von Beweisen. Also ...«

Gerd Lemke windet sich, druckst, überlegt, ringt um Fassung. Ja, es treffe zu, dass die meisten Damen sehr offenherzig gewesen seien. Den Herren habe er nachsagen müssen: je oller, desto doller, bei den Frauen sei es genau umgekehrt gewesen.

»Sie meinen: je jünger, desto freizügiger?«

»So ungefähr. Frauen vertragen ja auch weniger als Männer«, sagt Lemke und scheint um Verständnis nachzusuchen.

Das ist natürlich albern. Selbst wenn es sich so verhielte, bedeutet es ja nicht zwingend, dass Frauen sich betrinken müssen, denkt Krause. »Wie jung waren die denn«, bohrt er nach.

Der Fotograf hebt die Achseln. »Na eben jung.«

»Älter als zwanzig oder darunter?«

Lemke sagt, er wisse das nicht.

»Sie wissen aber bestimmt, dass keine der Frauen jünger als achtzehn war. Oder?«

»Natürlich. Die waren alle volljährig.« Die Antwort kommt wie aus der Pistole geschossen. Lemke scheint durchaus zu wissen, wo die Schmerz-, also die juristische Grenze liegt.

»Das wissen Sie ganz genau? Woher? Haben Sie sich vorher, bevor Sie die Mädchen nackt fotografiert haben, den Personalausweis zeigen lassen?«

»Wie kommen Sie darauf, dass ich sie nackt fotografiert habe?«

»Lieber Herr Lemke«, hebt der Oberleutnant an, »ich muss nicht Kriminalist sein, um zu wissen, dass Sie hin und wieder Aktfotos im Magazin veröffentlichen. Weshalb sollten Sie sich eine solche Gelegenheit entgehen lassen?«

»Da unterschätzen Sie aber die Kunst, Herr Krause. Ein Akt ist mehr als nur nacktes Fleisch. Das ist Inszenierung, Arrangement, die Suche nach einem Motiv und einem geeigneten Modell. Das ist nicht einfach Fleischbeschau.« Lemke schüttelt den Kopf über Krauses offenkundigen Unverstand.

Der jedoch verzieht den Mund zu einem mokanten Grinsen. »Ich vermute, dass der Kreis der ›Fleischbeschauer‹ größer ist als der der ›Kunstfreunde‹.«

Gerd Lemke schweigt.

»Muss ich deutlicher werden?«

»Ich verstehe nicht.«

»Herr Lemke«, und nun klopft Krause auf den Busch, er provoziert und will den Fotografen aus der Deckung locken, »es heißt, Sie hätten alles fotografiert, was unbekleidet war. Und in aufreizenden Posen.«

»Wer behauptet das?«

»Das darf ich Ihnen nicht sagen. Stimmt es?«

Naja, lenkt Lemke ein, mitunter gebe es bei solchen Treffen einen Schnappschuss, der wirklich gut sei.

Das heiße, er habe nicht nur am Freitag fotografiert, sondern auch bei früheren Feiern im Hause Pfeiffer, hakt Krause nach.

Lemke nickt. Der Hausherr sei nicht nur Geschäftspartner, sondern auch sein Freund. Er lade ihn regelmäßig ein.

»Als Freund und als Fotograf?«

Wieder nickt Lemke. Das treffe zu.

Wozu also die Bilder? Fürs Familienalbum der Teilnehmer? Ob er mal Fotos sehen könne, die von Freitag und die von früheren Klubabenden, fragt der Oberleutnant.

Lemke macht eine abwehrende Armbewegung. Da müsse er erst eine Weile im Archiv suchen, und die Filme vom Freitag, er sagte es ja bereits, seien noch nicht entwickelt.

»Gut«, sagt Krause und erhebt sich. »Übermorgen bin ich wieder hier. Bis dahin werden Sie ja die Filme entwickelt haben. Mir genügen die Kontaktabzüge. Denken Sie bitte auch an die Bilder vergangener Treffen … Und bevor ich es vergesse: Wer war denn noch von Ihren Geschäftsfreunden dort?«

Lemke nennt Namen. Auch den von Herbert Ophal.

Dessen Geschäft liegt auf dem Weg zum Volkspolizeikreisamt in der Gobbinstraße. Deshalb macht der Oberleutnant dort gleich noch Station. Er hat jetzt eine Ahnung, die sich insbesondere beim letzten Gespräch herausgeschält hat, eine vage Vermutung. Der will er nachgehen.

Ein Mann sitzt mit einer Brillenlupe an einem Arbeitstisch, der in einem Raum ohne Tür an den Laden grenzt. Er scheint beschäftigt. Krause räuspert sich vernehmlich. Einmal, zweimal. Der Goldschmied reagiert nicht.

»Herr Ophal«, ruft er nun in die Werkstatt.

Der Mann im weißen Kittel blickt auf, schiebt sich die Brille auf die verlängerte Stirn, die haarlos im Lampenlicht glänzt. Der Blick ist nicht eben freundlich, der Mann fühlt sich augenscheinlich in einer Tätigkeit gestört, die höchste Konzentration verlangt.

»Ja, gleich«, antwortet er unwirsch und schiebt sich wieder die Lupe vor die Augen. Mit diesen Stielaugen sieht er aus wie ein Frosch oder eine Strandkrabbe. Oder ein Marsmensch. Ob es die überhaupt gibt, weiß niemand, also auch nicht, wie sie aussehen. Die Raumfahrer umrunden lediglich die Erde, sie schaffen es noch nicht mal bis zum Mond. Der Mann hier sieht aber wirklich aus wie vom andern Stern. Jaja, der Mars ist ein Planet, kein Stern, fährt Krause sich selbst in die Parade.

Ophal wirft genervt die Brille auf das Samttuch auf der Arbeitsplatte. Die Konzentration ist hin, er bricht ab.

»Was wünschen Sie«, erkundigt er sich, als er zum Verkaufstresen kommt. Er schaut nicht eben freundlich.

»Ich störe offenkundig«, entschuldigt sich Krause.

»Keineswegs«, lügt Ophal und legt sein Gesicht in freundliche Falten, wie man es als Ladenbetreiber tun muss, wenn der Kunde den Konsumtempel betritt. Der hier ist eher ein Tempelchen, und wenn man Trauringe bestellt, muss man Gold mitbringen, ein altes Erbstück oder Großmutters Taler aus der Kaiserzeit. Damals gab es auch noch Orden aus Gold, vorm Krieg 1914/18, danach wurde nur noch Blech verliehen. Orden, Schmuck,

190

Münzen – die Goldschmiede in der DDR nehmen jedes Edelmetall, das man ihnen ins Haus trägt. Was bringt der mir, scheint Ophals taxierender Blick zu fragen.

Krause langt in die Hosentasche und zückt seine Marke aus Messing.

Das Gesicht des Juweliers verfärbt sich.

Er habe sich bei allen Ankäufen immer den Personalausweis zeigen lassen, versichert er umgehend, Namen und Adressen fein säuberlich notiert, das könne sofort nachgeprüft werden.

Er ist eine Spur zu nervös, zu eilfertig, zu aufgeregt. Krause spürt das. Doch er bleibt ruhig, sagt, dass ihn das nicht interessiere, er sei wegen einer anderen Sache hier. »Können wir reden?«

Ophal nickt. Frau Müller, seine Verkäuferin, habe bereits Feierabend, die letzte Stunde vor Ladenschluss sei er immer allein.

»Nicht viel los um diese Zeit«, stellt Krause fest. Ophal bestätigt das. Die Geschäfte laufen ohnehin nicht gut, er lebe inzwischen mehr von der Reparatur und Reinigung alter Uhren denn von Schmuckneuanfertigungen. Es fehle an vielem. Hin und wieder darf er mal eine antiquierte Brosche oder eine Korallenkette umarbeiten, das Schloss eines Armreifs reparieren oder einen Trauring aufsägen, wenn der Finger zu dick geworden ist und der Schmuck nicht mehr abzuziehen geht. »Was führt Sie zu mir?«

»Sie werden es kaum glauben: ein Fall«, sagt der Oberleutnant der K und lächelt hintersinnig. »Hat allerdings nichts mit Schmuck zu tun.«

Aha, meint nun der zweckentfremdete Juwelier, da sei er aber mal gespannt.

Krause fällt gleich mit der Tür ins Haus, berichtet von der Party bei Kinderwagen-Pfeiffer, die offenkundig aus dem Ruder gelaufen ist mit eben jener Straftat, deren Zeuge Ophal wurde. Er wolle nun wissen, was er gesehen hat. Ihn interessiere nicht, warum er dort gewesen sei. Schiebt Krause nach.

Ophals Gesicht hat inzwischen die Farbe seines weißen Kittels angenommen. Er möchte, dass seine Aussagen vertraulich behandelt werden, rückversichert er sich. Er sei glücklich verheiratet, begehe im kommenden Jahr die Goldene Hochzeit, habe Kinder und Enkel und will nicht seinen guten Ruf verlieren …

Krause zeigt sich überrascht. War es denn so unanständig, so schlüpfrig, was da am Freitag in der Villa passiert ist? Er spielt den Überraschten und Naiven.

»Naja, wie man es nimmt«, sagt Ophal, er möchte damit namentlich jedenfalls nicht in Verbindung gebracht werden. Das sei ihm peinlich.

»Warum?«

»Naja, wissen Sie …«, hebt er an und sucht nach Worten, »so lustig finde ich das nicht, wenn es zwei miteinander treiben, und man schaut ihnen dabei zu.«

»War das so?«

»Ja. Die eine Frau hat es sich sozusagen coram publico besorgen lassen, und der Strunz, wahrscheinlich angetrieben von den Anfeuerungsrufen, biss ihr dabei in die Brust, dass sie blutete. Da war die Stimmung im Eimer. Aber nur für kurze Zeit. Dann ging es munter weiter.«

»Mit der Vögelei?«

»Auch.«

»Auch? Was sonst noch?« Krause ist nun überzeugt, eine Plaudertasche getroffen zu haben. Oder Ophal will

Nicht jeder, der bei den Klubabenden in der Pfeiffer-Villa war, wollte, dass das publik wird

die Gefahr reduzieren, selbst in den Strudel der Ermittlungen gerissen zu werden. Nach der Methode »Haltet den Dieb!«

»Na, und dieser Fotograf …«, sagt Ophal.

»Sie meinen Lemke? Der ist doch vermutlich Kunde bei Ihnen. Sind seine beiden Ringe nicht von Ihnen?«

»Sie haben diese Schmuckstücke gesehen?« Ophal ist sichtlich erfreut, dass jemand seine Goldschmiedekunst zur Kenntnis nimmt. »Der Rubin-Ring ist mir wirklich gut gelungen.«

»War das ein Erbstück?« Krause nutzt den Smalltalk, um das Gespräch im Fluss zu halten.

»Das Gold kam von einer Münze, die Lemke auf irgendeiner Auktion in München ersteigert haben will. Das war vorm Mauerbau. Woher er den Stein mit diesem

193

Hotel Monopol am Postplatz in Görlitz. 1868 als Hotel »Prinz Friedrich Carl« gebaut, vor dem Ersten Weltkrieg Hotel ersten Ranges mit großem Restaurant und Gesellschaftssaal, nach dem Zweiten Weltkrieg von der HO geführt. In den sechziger Jahren stiegen dort gern Geschäftsleute ab

wunderschönen Facettenschliff hatte: keine Ahnung. Vielleicht von Kollegen. Sie wissen doch: Einer hilft dem anderen.«

»Sie sagten vorhin: ›Na, und dieser Fotograf …‹ Das war doch eine Andeutung.«

Die Nachfrage ist dem Juwelier unangenehm, er wirkt sofort verunsichert und wohl auch ein wenig wütend auf sich selbst. Dank seiner unbedachten Formulierung sitzt er in der Falle.

»Er ist mit seiner Kamera immer ein wenig aufdringlich. Wenn Mädchen ihren BH wegwerfen, Pärchen sich knutschen, befummeln oder richtig zur Sache gehen, selbst auf dem Klo – immer ist er mit seiner Linse dabei.«

»Und was macht er mit den Fotos?«

»Er verkauft sie.«

Krause spitzt die Ohren. »An wen?«

»Keine Ahnung, da müssen Sie ihn schon selber fragen. Aber er hat einen ziemlich großen Kundenstamm. Bis hoch nach Berlin.«

»Weiß das der Gastgeber?«

»Natürlich. Der besorgt doch auch die Mädchen.« Ophal nimmt sich jetzt wichtig.

»Wie stellt er das denn an?«

»Ich bitte Sie! Pfeiffer hat einen florierenden Kinderwagenladen.«

Krause lächelt. »Schwangere kaufen Kinderwagen. Ich denke nicht, dass schwangere Frauen unter den Gästen waren, oder?«

»Nein, natürlich nicht. Aber aus Schwangeren werden junge Mütter, die kaufen bei Pfeiffer, was sie brauchen. Er bahnt schon früh vertrauensvolle Beziehungen an, die sich dann auf diese Weise auszahlen. Verstehen Sie?«

Oberleutnant Krause nickt. »Interessantes Geschäftsmodell. Mit Rundumbetreuung.« Er macht eine Pause.

»Es sollen aber auch Mädchen dort gewesen sein, die weder schwanger waren noch entbunden hatten. Also ganz junges Gemüse, wie die Geschädigte es bei der Befragung formuliert hat.«

»Ja, die Frau war neu. Die hatte ich zuvor noch nie gesehen. Aber sie war doch kein junges Gemüse«, wendet Ophal ein. »Ich schätze sie auf Ausgang zwanzig. Vermutlich eine junge Mutter.«

Krause legt die Stirn in Falten, er will den Zeugen nicht so leicht aus der Mangel lassen. Mit dem »jungen Gemüse« habe sie kaum sich selbst gemeint, sondern die Schülerinnen, die dort rumhopsten und nackt vor Lemkes Kamera posierten. »Schülerinnen! Und Sie wollen das nicht bemerkt haben?«

»Schülerinnen?« Der Juwelier schaut irritiert. »Die Mädchen waren jung, gewiss. Aber voll entwickelt. In meinen Augen waren sie volljährig.«

»In den Augen des Staatsanwalts vermutlich nicht«, entfährt es Krause sarkastisch. »Sie kannten zufällig keine von diesen Jugendlichen?«

Ophal schüttelt den Kopf. Er habe mit denen auch kein Wort gewechselt. Worüber hätte er sich mit ihnen auch unterhalten sollen? Und zu etwas anderem habe ihm auch nicht der Sinn gestanden. »Sie werden es ja vielleicht wissen: In unserem Alter ist gutes Essen und ein edler Tropfen wichtiger als alles andere.« Er lächelt verschwörerisch.

»Mag sein«, geht Krause darüber hinweg. »Und Sie wissen auch nicht, wer konkret diese Mädchen eingeladen hat?

»Keine Ahnung.«

»Vielleicht eine Vermutung?«

196

Ophal spitzt die Lippen, Luft entweicht vernehmlich. Wenn er jetzt einen Namen nennt, belastet er jemanden. Sofern die Bemerkung des Polizisten zutrifft, dass es sich um Schülerinnen gehandelt habe … Na gut, jemand aus der Zwölften ist ja auch noch Schüler und trotzdem bereits Achtzehn, da könnte auch der Staatsanwalt wenig dagegen sagen. Wer volljährig ist, darf sich nackt machen, sich fotografieren lassen und seine Beine spreizen, wann und wo er mag. Zu welchem Zweck auch immer. Ophal geht davon aus, dass die Mädchen volljährig waren. Also kann er auch seine Vermutung äußern.

»Ich glaube, die Veronika hat sie angeschleppt.«

»Die Verkäuferin aus dem Schuhladen?«

»Ja, Pfeiffers Freundin.«

Am nächsten Morgen sitzen die Kriminalisten beieinander. Sie bringen auf den Tisch, was sie am Vortag ermittelt haben. Werten aus, analysieren, legen die nächsten Schritte und Maßnahmen fest. Beim Verlassen des Beratungszimmers fragt Künzel, ob Karl ein paar Minuten habe. Was ist das für eine Frage? Gut, sagt der Hauptmann, er solle gleich mit in sein Büro kommen.

Krause schließt hinter sich die Tür und nimmt am Tisch Platz, wo sich bereits sein Chef niedergelassen hat.

»Das stinkt«, sagt der. »Findest du nicht auch?«

»Und ob«, sagt Krause. »Dabei sah das alles so harmlos aus. Mann beißt Frau in die Brust, klarer Fall von Körperverletzung. Aus die Maus.«

Die Männer schweigen ein paar Augenblicke. Der Hauptmann spricht aus, was in der Luft liegt. »Meinst du, wir haben es mit organisierter Kriminalität zu tun?«

»Nun ja, so weit würde ich nicht gehen«, sagt Krause. »Wir haben es vielleicht mit Pornografie und Zuhälterei zu tun, vielleicht auch mit sexuellem Missbrauch von Minderjährigen.« Er schweigt wieder.

»Ich werde den Seiffert telefonisch einbestellen. Er ist die Schlüsselfigur.«

Künzel nickt. Er sei auch der Auffassung, dass man bei dem die Samthandschuhe ruhig ausziehen sollte, sagt er.

»Und auch diese Veronika Feller sollten wir vorladen«, ergänzt Oberleutnant Krause. Über die könne man auch an die Mädchen herankommen. Wenn es denn stimmt, dass sie das »junge Gemüse« den alten Hasen zuführt. Die müsse man unbedingt ausfindig machen, allein schon um deren Alter festzustellen. »Wenn die nämlich wirklich noch nicht volljährig gewesen sind … Halleluja«, sagt Krause, und auch sein Chef weiß, was das für eine Bombe wäre.

»Sollten wir nicht mit Werner sprechen, bevor die Lawine ins Tal donnert?«

Künzel ist kein Rückversicherer, auch Krause arbeitet lieber ohne Netz und Balancierstange. Doch wenn wie hier ein Dutzend stadtbekannter Persönlichkeiten ins Visier geraten, geht das an die Substanz. Das ist ein gesellschaftlicher Vorgang, der auch außerhalb der Stadtgrenze wahrgenommen werden wird. Also wäre es vielleicht ganz nützlich, sich zuvor mit der Staatssicherheit zu verständigen und nicht erst, wenn das Kind in den Brunnen gefallen ist.

Krause nickt.

Künzel erhebt sich und geht zum Telefon auf seinem Schreibtisch. Er wählt.

»Werner? Bist du im Hause? Kannst du mal zu mir ins Büro kommen? Wir haben da ein Problem, das wir gern mit dir besprochen hätten. In fünf Minuten? Wunderbar.« Der Hauptmann legt den Hörer auf und kehrt zum Tisch zurück.

»Er ist gleich da.«

Krause versucht die Wartezeit mit einem anderen Thema zu füllen. »Wie geht es deiner Frau, Ludwig?«

»Sieht nicht gut aus. Sie haben ihr zwar den Tumor entfernt und werden sie auch zur Kur schicken. Aber ob sie alles erwischt haben, ist noch nicht feststellbar. Wir müssen abwarten. Und bei dir zu Hause?«

»Alles im grünen Bereich. Ich hoffe nun endlich, den Bezugsschein für den Bungalow zu bekommen.«

»Läuft das immer noch über die Bäuerliche Handelsgenossenschaft?«

»Ohne BHG läuft nix, das weißt du doch.«

»Willst du dir was Großes hinsetzen?«

»Nee, nur einen B34.«

»Na, das ist doch schon was Ordentliches.«

Es klopft. Künzel ruft: »Herein.«

Es erscheint ein Mann mittleren Alters mit Bauchansatz. Wenzkes Anzug ist ein wenig ausgebeult, am Hals hängt ein schwarzer Lederschlips. Das ist zur Zeit in Mode. Werner begrüßt die beiden Kriminalisten mit Handschlag und nimmt dann am Tisch Platz. »Na, wo brennt's? Ist die Weltrevolution ausgebrochen? Wo ist der Stellplatz.« Er lacht.

»Wenn's nur die Weltrevolution wäre, müssten wir dich nicht bemühen«, entgegnet Künzel. »Mit der kämen wir schon allein klar.« Er muss selbst über seinen Witz grienen. »Es geht um die obskuren Herrenabende in der Pfeiffer-Villa, wir hatten uns am Wochenende schon mal kurz verständigt.«

»Erzähl mal, Karl.«

Krause berichtet über ihre bisherigen Ermittlungen. Straff, ohne ausschmückende Details, aufs Wesentliche beschränkt. Schließlich sagt er: »Du hast gegenüber Ludwig vermutet, dass dort Minderjährige sexuell genötigt oder sogar missbraucht werden. Das scheint sich zu bestätigen. Und ich vermute auch, dass man da pornografische Fotos produziert für den Verkauf. Es gibt offenbar einen festen Stamm von Abnehmern.«

Werner pfeift vernehmlich durch die Zähne. Also doch, sagt er. Er habe den Informationen nicht trauen wollen, die sie bekamen. Das seien nur Gerüchte gewesen, durch Wichtigtuer aufgeblasen, man müsse mit solchen Nachrichten immer sehr vorsichtig umgehen. Doch oft stecke selbst in der aberwitzigsten Geschichte ein Körnchen Wahrheit. Und nun?

Krause sagt, dass Pornografie und Missbrauch Minderjähriger kein Thema für die Staatssicherheit sei, und Künzel nickt zustimmend. Man werde also die Ermittlungen fortsetzen und dann die Sache der Staatsanwaltschaft zur juristischen Verfolgung übergeben.

Wenzke widerspricht nicht. Unanständige Fotos und übergriffiges Verhalten gefährdeten nicht die Sicherheit des Staates, sagt er, da solle schon die Kriminalpolizei ermitteln. Aber fürs MfS sei die Sache deshalb interessant, weil es darin vermutlich auch um wirtschaftliche Belange geht. »Karl, du hast erwähnt, dass dort Fotos kommerziell produziert und verbreitet werden?«

Im Hotel Monopol stiegen 1981 auch Ministerpräsident Willi Stoph und zwei Jahre später Volkskammerpräsident Horst Sindermann ab. 1969 wurde das Restaurant auf vegane Kost umgestellt – doch da war man der Zeit zu weit voraus, das Experiment wurde nach zwei Jahren beendet. 1993 schloss das Haus, seither steht es zum Verkauf und verfällt. Untere Aufnahme: Zustand heute

Krause bestätigt.

»Wir haben Hinweise, dass im Hotel Monopol am Postplatz ein schwunghafter Handel mit pornografischen Bilder betrieben wird.«

»Wer kauft denn solchen Dreck?«

»Vorzugsweise westdeutsche Geschäftsleute, die dort absteigen.«

»Die kommen wegen so ein paar Bildchen hierher?« Krause schüttelt ungläubig den Kopf.

»Nicht wegen der Fotos. Das ist nur Beifang. Da laufen vermutlich noch ganz andere Geschäfte.«

Künzel schaut skeptisch. »Und dafür interessiert sich die Staatssicherheit?«

»Wir sind nicht nur für die Abwehr von geheimdienstlichen Angriffen von außen zuständig, zur Verhinderung von Sabotage und Diversion, sondern auch zum Schutz unserer Volkswirtschaft.«

»Komm, Werner, du musst uns nicht agitieren«, fällt ihm Krause ins Wort. »Das wissen wir. Und wenn du jetzt darauf hinauswillst, dass die Herstellung und der Vertrieb von anstößigen Bildchen unsere Wirtschaft untergrabe, kann ich nur lachen. Die Fotos verstoßen zwar gegen die sozialistische Moral, aber nicht gegen die Planwirtschaft. Nicht wahr? Oder wie siehst du das, Ludwig?«

Der Hauptmann zeigt ein grüblerisches, nachdenkliches Gesicht. »Naja, prinzipiell stimmt das, aber es ist vielleicht doch nicht die ganze Wahrheit. Wenn in diesen Zirkel viele Geschäftsleute eingebunden sind, die gegen unsere Gesetze verstoßen, ist das keine Kleinigkeit. Und wenn die auf einen Schlag vor den Kadi gezogen werden ...«

»Es geht um unsere Rechtsordnung«, wirft Wenzke ein. »Wenn wir hier durch die Finger schauen und Gnade vor Recht ergehen lassen, leidet unsere Glaubwürdigkeit.«

Krause überlegt. »Ludwigs Hinweis ist nicht von der Hand zu weisen, Werner. Denn nehmen wir mal an, wir ziehen hier alle Paragrafen, gegen die verstoßen wurde, und lochten diese sauberen Geschäftsleute alle ein: Meinst du nicht, dass diese Nachricht ihren Weg bis in die Westpresse findet? Wir sitzen hier zwar in der östlichsten Stadt Deutschlands ...«

»Der DDR«, korrigiert ihn Wenzke, »der östlichsten Stadt der DDR.«

Krause fährt unbeeindruckt fort: »Vielleicht wird daraus eine Absicht konstruiert: ›Pankoff probiert in der abgelegenen Provinz, an der Peripherie, die Liquidierung des Privathandels‹, kann die Schlagzeile lauten.«

Diese Gefahr sehe er durchaus, sagt Künzel. Dass ihnen nämlich daraus ein propagandistischer Strick gedreht werden könnte.

Der Mann von der Staatssicherheit winkt ab. »Das machen die so oder so, egal, was wir tun. Es ist der Klassenfeind. Da muss man sich nicht wundern, wenn er sich wie einer verhält.«

»Da sind wir uns einig. Was schlägst du also vor?«

»Ball flach halten«, sagt Wenzke. »Solide in alle Richtungen ermitteln und Material zusammentragen.«

»Das machen wir ohnehin, das ist kein Ratschlag.« Krause wirkt verärgert.

»Karl, das weißt du genau, dass ich euch keine Ratschläge erteilen darf. Da heißt es doch gleich wieder, die Stasi hängt sich überall rein.«

Künzel beschwichtigt: »Wir wollten ja auch keinen Hinweis vom MfS, sondern von einem Freund und Genossen, mit dem man offen alle Aspekte dieser vertrackten Geschichte erörtern kann.«

»Wenn ihr mich so direkt fragt: Konzentriert euch auf Pfeiffer. Das ist der Kopf. Wenn der hinter Gitter kommt, fällt die Party aus, ist das Netzwerk tot, von dessen Existenz ich nicht einmal überzeugt bin.« Er schaut auf Krause. »Die haben Kontakte zueinander, gewiss, doch wie intensiv die sind und was die bewirken, wissen wir nicht einmal ansatzweise. Ich vermute mal, das ist nichts anderes wie unser Jagdkollektiv, in dem unsere Spitzen sich treffen, der VPKA-Chef ist dort und mein KD-Leiter … Dort werden locker die Dinge des Kreises besprochen. Die Ladenbesitzer werden bei ihren Feiern auch nichts anderes tun: Sie quatschen übers Geschäft und was sie sonst so bewegt. Also, Genossen, wir sollten die Kirche im Dorf lassen.«

»Amen«, sagt Künzel und hat damit das letzte Wort.

Er solle sich zur Klärung eines Sachverhalts bei einem Oberleutnant der K Krause melden, sagt der Mann und schiebt seinen blauen Personalausweis über den Tisch. Der Volkspolizist nimmt das Dokument und liest vor, wobei am Ende ein Fragezeichen zu stehen scheint. »Reinhard Pfeiffer.«

»Ja, der bin ich«, sagt Pfeiffer. Seine Stimme klingt leicht genervt. Wegen der Vorladung im Allgemeinen und wegen dieser Wichtigtuerei. Der Mann hat sich augenscheinlich den deutschen Traum erfüllt: hinter einem Tresen zu sitzen, ein Amt auszuüben und damit etwas Macht zu besitzen. Macht über denjenigen, der vor diesem Tresen steht. Er kann ihn eiskalt warten lassen.

»Zu wem wollen Sie?«

»Zu Oberleutnant Krause. Das sagte ich aber bereits.«

Ein vorwurfsvoller Blick trifft ihn, der unterstreichen soll, wer hier das Sagen hat.

»Warten Sie«, bestimmt der Pförtner und greift zum Telefon. »Sie werden abgeholt.«

Krause kommt selbst ins Foyer. Er begrüßt Pfeiffer sachlich-korrekt, also neutral. Er ist Profi.

Er beginnt die Befragung emotionslos, macht sich wie gewohnt Notizen.

Pfeiffer antwortet kurz, ebenfalls ohne jede Regung oder gar Empathie. Schließlich ist er nur Zeuge eines Vorfalls, der ihn jedoch zutiefst – »Das müssen Sie mir glauben!« – berührt habe. Die junge Frau tue ihm wirklich leid.

Wie er zu Herrn Strunz stehe, jenem Manne, der Frau Voß gebissen hat, erkundigt sich Krause.

Pfeiffers Auskünfte sind so wenig griffig wie der Nebel, der bei niedriger Temperatur über die Neiße geht. Ja, das sei ein Geschäftspartner, nein, er kenne ihn nicht näher, ja, der habe sich mit Frau Voß vergnügt, wogegen diese nichts eingewendet hatte, und nein, er werde künftig keinen Kontakt mehr zu Herrn Strunz unterhalten. Das wäre ja für ihn rufschädigend.

Daran zweifle er nicht, sagt Krause. »Apropos Ruf. Es heißt, dass bei Ihnen regelmäßig solche Feiern stattfinden, oder wie man heute sagt: Partys.«

Pfeiffer bestätigt das. Er führe ein offenes Haus und habe gern Menschen um sich.

»Auch ganz junge?«

»Wie meinen?« Pfeiffer schaut irritiert. Nur für einen Moment flackert sein Blick, aber Krause hat das sehr wohl registriert. Der Mann ist ein guter Schauspieler, denkt er, aber kein exzellenter.

»Einige Zeugen haben ausgesagt, dass auch Mädchen bei der Feier gesehen wurden, die angeblich noch im Schulalter sind.«

»Das weiß ich nicht.«

»Ob Mädchen dort waren, oder ob sie noch zur Schule gehen?«

»Dass junge Frauen im Publikum waren, habe ich sehr wohl mitbekommen. Warum auch nicht? Sind doch meine Kunden von morgen.« Pfeiffer lacht gekünstelt. »Dass es sich aber um Schülerinnen gehandelt habe, schließe ich aus. Die Frauen waren alle volljährig.«

»Woher wollen Sie das wissen? Kontrollieren Sie die Ausweise?«

Pfeiffer überlegt etwas, ehe er antwortet. Er spürt, sich auf dünnem Eis zu bewegen. Eine abrupte Bewegung – und schon würde er einbrechen und hoffnungslos untergehen. Also übt er sich in Vorsicht und laviert. Er kenne keine private Feier, bei der die Gäste nach ihrem Alter gefragt würden, sagt er bedächtig und betont dabei das Wort »privat«.

»Aber dass auch bei einer privaten Feier die Gesetze dieses Landes gelten, ist Ihnen schon bewusst. Oder?«

»Natürlich. Worauf wollen Sie hinaus, Herr Oberleutnant?«

»Es heißt, dass der Alkohol in Strömen geflossen sei.«

»Herr Oberleutnant, das ist doch nun reichlich albern. Bei welcher Feier wird nicht getrunken?«

»Was gab es denn zu feiern?«

»Nichts. Deshalb sollten wir auch nicht von einer Feier sprechen. Es war eine Zusammenkunft von Geschäftspartnern und Freunden ohne äußeren Anlass.«

»Mit Damenbegleitung.«

»Wenn Sie so wollen.«

»Kriegen Sie die Namen noch zusammen?«

Pfeiffer überlegt. Dann schüttelt er den Kopf. Da müsse er Frau Feller fragen, sagt er, Veronika werde sie wohl wissen.

»Ich glaube, Sie können sich die Nachfrage sparen. Meinem Kollegen hat sie nämlich erklärt, dass sie die Mädchen auch nicht gekannt habe. Und falls Sie jetzt noch auf andere Personen verweisen, etwa auf Herrn Lemke, dann darf ich Ihnen verraten: Die sind ebenfalls unwissend. Niemand weiß, wer die jungen Frauen waren, woher sie kamen, wer sie eingelassen hat, was sie überhaupt dort wollten. Ist das nicht komisch?«

Pfeiffer überlegt, ob er weiter die Rolle des unwissenden Hausherrn spielen soll. Sehr überzeugend scheint die nicht, also wagt er einen Sprung zur Seite. Frau Feller habe ihm mal gesagt, dass ihre Cousine gerade Abitur mit Berufsausbildung mache, also in der zwölften Klasse sei. Wahrscheinlich handelte es sich um Veronikas Cousine und deren Freundinnen.

Krause überhört geflissentlich diese krude Erklärung, was Pfeiffer zu der Annahme verführt, der Kriminalist habe sie geschluckt. Stattdessen kommt er auf den Fotografen zu sprechen, dessen Namen er bereits in seine Frage eingebaut hatte. »Sagen Sie mal: Was hatte Herr Lemke eigentlich auf dieser Feier, die keine Feier war, verloren?«

Pfeiffer lacht auf. »Gerd ist ein langjähriger Freund.«

Hm, macht Krause. Und deshalb dürfe er auch immer bei solchen Anlässen fotografieren?

Pfeiffer nickt. »So ist es.«

»Auch Delikates?«

»Was verstehen Sie darunter?«

»Sehr Privates. Intimes sozusagen.« Krause hüstelt. Fast sieht es so aus, als sei ihm – im Unterschied zu seinem Gegenüber – die Sache ein wenig unangenehm.

»Ich verstehe Sie noch immer nicht.« Pfeiffer wirkt souverän, geradezu abgeklärt.

»Herr Lemke hat Paare beim Verkehr fotografiert.«

»Welchen Verkehr?

»Herr Pfeiffer, ich bitte Sie: Herr Strunz hat beim Akt Frau Voß in die Brust gebissen. Und Herr Lemke hat das fotografiert.«

»Hat er das?«

»Hat er.«

»Davon weiß ich nichts. Und wenn es so gewesen ist: Das geschah gewiss nicht gegen den Willen der Beteiligten. Frau Voß war bis zum Biss sehr ausgelassen.«

»Die Mädchen vermutlich auch.«

»Was kommen Sie mir immer mit diesen ›Mädchen‹, Herr Oberleutnant?«

Karl Krause geht nun aufs Ganze und versucht den abgebrühten Pfeiffer zu überrumpeln.

»Uns liegen Beweise vor, dass in Ihrem Hause pornografische Bilder mit Minderjährigen gemacht worden sind.«

Der Verdächtige bleibt gelassen. »Erstens weiß ich davon nichts, und zweitens – einmal angenommen, dass es so gewesen ist – hafte ich nicht dafür, was Herr Lemke macht.«

»Ach, Sie halten es also für möglich, dass Lemke solche Bilder bei Ihnen gemacht haben könnte?«

»Das habe ich nicht gesagt. Drehen Sie mir bitte nicht das Wort im Munde herum, Herr Oberleutnant.«

Es klopft. Erkennbar unwillig ruft Krause »Ja.« Es ist einer der Kriminalistenkollegen. Der wirft beim Hereinkommen einen Blick auf Pfeiffer, zögert beim Nähertreten, geht dann doch hinter den Schreibtisch und beugt sich zu Krause herunter. »Der Staatsanwalt hat die Durchsuchung von Lemkes Geschäftsräumen zur Sicherung von Beweismitteln genehmigt«, flüstert er.

In Krauses Gesicht zieht merklich Entspannung. »Na, das ist ja mal eine gute Nachricht«, sagt er laut, dass es auch Pfeiffer hört. »Der Durchsuchungsbeschluss ist raus, meine Kollegen sichern gerade die Beweismittel … Danke, Genosse Schindler.«

Der Angesprochene geht mit einem Kopfnicken.

Reinhard Pfeiffers Gesicht gleicht einem Fragezeichen. Das amüsiert Krause, er weiß, dass er ihn jetzt im Sack hat. Er lässt sich jedoch seine Befriedigung nicht anmerken und krakelt etwas auf das vor ihm liegende Papier. Je länger er schweigt, desto nervöser und unsicherer wird sein Gegenüber. Genüsslich kostet der Oberleutnant der K dieses Gefühl aus. Krause streckt und dehnt es. Und tatsächlich: Pfeiffer erkundigt sich, was durchsucht werde.

Ach, antwortet Krause und gibt sich überrascht. »Hatte ich das nicht gesagt?«

»Nein.«

»Ich darf es eigentlich nicht sagen. Aber weil Sie es sind: Wir sichern gerade die Beweismittel im Atelier von Herrn Lemke.«

Pfeiffer sinniert und sagt schließlich, dann könne er ja wohl gehen, wenn sich die Ermittlungen auf Herrn Lemke konzentrieren. Er sei ja hier zur Befragung, also als Zeuge und nicht als Beschuldigter. Das sei wohl nun augenscheinlich Gerd Lemke. Also sei seine Anwesenheit nun nicht mehr erforderlich.

Oberleutnant Krause nickt. Da habe er nicht Unrecht. »Aber halten Sie sich bitte zu unserer Verfügung, Herr Pfeiffer. Wir brauchen Sie weiterhin als Zeuge. Und vielleicht fallen Ihnen ja doch noch die Namen der jungen Damen ein.«

Die Durchsuchung der Geschäftsräume von Foto-Lemke fördert Tausende Abzüge und Negative zutage, die einer kritischen Begutachtung unterzogen werden. Natürlich sind viele darunter, die als künstlerische Akte durchgehen. Doch die Mehrheit der Motive ist zweifelsfrei pornografisch konnotiert. Die Posen sind eindeutig, sehr freizügig, es dominieren Geschlechtsteile und kopulierende Paare. In allen Größen, aus allen Perspektiven. Das großzügig abzulichten ist nicht verboten, Pornografie ist kein Straftatbestand. Das Augenmerk der Ermittler gilt dem Alter der ausgestellten Personen. Die meisten sind dem Anschein nach kaum älter als zwanzig Jahre, oft vermutlich weit darunter. Sofern Gesichter erkennbar sind, tragen die kaum Züge von Gezwungensein oder Ablehnung. Die Abgebildeten scheinen Spaß daran zu haben, in anzüglichen Stellungen und Posen abgelichtet zu werden. Doch selbst wenn sie augenscheinlich zugestimmt haben, auf diese Weise fotografiert zu werden, heißt das nicht, dass dies auch zulässig war. Es gilt die Obhutspflicht und der Schutz Minderjähriger: Wer keine achtzehn Jahre alt ist, darf nicht auf diese Weise fotografiert werden. Nicht zu reden von der geschäftsmäßigen Verbreitung solcher Bilder.

Unter den Abzügen befinden sich auch die Fotos vom fraglichen Freitag. Die meisten männlichen Personen können ohne Mühe identifiziert werden, auch Margit Voß und Veronika Feller. In der großen Menge der Bilder befinden sich auch harmlose Schnappschüsse. Die wirken wie das Alibi für die anderen Aufnahmen. Die Guten ins Töpfchen, die schlechten ins Kröpfchen, die unverfänglichen Motive ins Familienalbum, die aufreizenden Abbildungen in Umschläge …

Die Nacktszenen sind, das ist unschwer auf den Fotos zu erkennen, nicht in der großen Diele gemacht worden. Es sind kleinere Räume. Schlafzimmer, Wohnstuben, Kinderzimmer … Krause rümpft die Nase. »Passend zum Alter der Mädchen.«

Es handelt sich mehrheitlich um Inszenierungen. Die Posen der jungen Frauen wurden arrangiert, die Personen gut ausgeleuchtet. Nicht mit billigem Blitzlicht, sondern mit ordentlichen Lampen. Also professionell gemacht.

Gerd Lemke bestreitet, die Bilder im eigenen Auftrag gefertigt zu haben. Lange weigert er sich, den Namen der Interessenten zu nennen. Doch der Hauptauftraggeber ist offensichtlich. Wer fremde Menschen mit einem Fotografen in sein privates Schlafzimmer einlässt, tut dies nicht aus Freundlichkeit und Nächstenliebe, sondern weil er eine bestimmte Absicht verfolgt.

Ob er auch am Umsatz beteiligt sei, fragt Oberleutnant Krause den Auftragnehmer, nachdem dieser die

Summe genannt hat, die er pro Abzug von den Kunden kassiert.

»Natürlich«, sagt Lemke. Nichts ist umsonst. Nicht einmal der Tod. Den bezahlt man mit dem Leben.

Nach reichlich zwei Wochen sind die Untersuchungen abgeschlossen. Alle Zeugen und Beteiligten wurden ermittelt und befragt, Sachverhalte zusammengetragen und protokolliert. Die Auswertung erfolgt wie üblich in großer Runde, es ist das Finale eines geklärten Falls. Den eigentlichen Schlusspunkt wird die Justiz setzen.

Zuvor stecken aber Künzel, Krause und Wenzke noch einmal die Köpfe zusammen. Wie soll man damit umgehen? Schweinskram gibt es nun mal auch im Sozialismus, meint der Leiter der Kriminalpolizei. Den habe es zu allen Zeiten gegeben, nicht grundlos heißt die Prostitution das zweitälteste Gewerbe der Welt. Schon in der Bibel stehe: »Denn die Lippen der fremden Frau sind süß wie Honig, und ihre Kehle ist glatter als Öl.«

»Ludwig, wir haben es hier nicht mit Prostitution zu tun, sondern mit sexuellem Missbrauch von Minderjährigen. Das ist nicht nur im juristischen Sinne ein himmelweiter Unterschied«, widerspricht ihm Krause.

»Und nicht zu vergessen: Es wurde gewerbsmäßig betrieben. In dem Zusammenhang: Wie haben die Mädchen reagiert? Ich gehe davon aus, dass ihr die Sache sehr diskret behandelt habt. Oder wurden die Eltern informiert? Oder die Schule?«

Werner schaut fragend die beiden Kriminalisten an. »Nein, wir haben weder mit den Lehrern noch mit den Eltern gesprochen. Wir haben den Ball flach gehalten. Es waren drei Freundinnen aus der Zehnten. Naiv und unbedarft. Sie fühlten sich geschmeichelt, wie Erwachsene behandelt zu werden. Und den Rest besorgte der Alkohol. Jugendsünden eben …« Oberleutnant Krause zeigt sich verständnisvoll, geradezu väterlich. »Ich gehe davon aus, dass die Staatsanwaltschaft die Mädchen aus dem Verfahren raushält.«

Wenzke stimmt zu. »Wenn das vor Gericht zur Sprache kommt, hängt es ihnen ein Leben lang an. Das ist die Bagatelle nicht wert.« Und nach einer Weile ergänzt er: »Ist denn den jungen Modellen wenigstens etwas gezahlt worden?«

Krause lacht hell auf. »Weder Lemke noch Pfeiffer haben sich erkenntlich gezeigt. Wobei ich mir sicher bin: nicht aus Knausrigkeit, sondern aus Kalkül. Die wussten genau, dass ihnen bei einem Honorar oder dergleichen Zuhälterei unterstellt werden könnte.«

Prostitution ist nach DDR-Gesetz zwar nicht verboten, aber hier geht es um Minderjährige. Werner Wenzke macht eine Bewegung mit der rechten Hand. Er will, das ist erkennbar, um die Sache keinen großen Wirbel haben. Vornehmlich aus politischen Gründen, aber natürlich auch, um nicht selbst unter Beschuss zu geraten. Denn sollten sich die Wellen der Entrüstung und Empörung bis Berlin ausbreiten, würde sofort höheren Orts die Frage gestellt werden: Haben die Genossen des MfS in Görlitz gepennt, wenn sie nicht bemerkten, dass dort ein Netzwerk pädophiler Elemente existiert? Warum konnten sich kapitalistische Verhaltensmuster, die wir doch längst überwunden haben, unbehindert ausbreiten? Die Vorhaltungen würden, wie immer, überzogen sein. Wenzke kennt das zur Genüge. Auf dem Transport nach Berlin wurde aus jeder Mücke ein

Elefant, aus einem Pups ein ganzes Konzert. Also galt auch hier: piano, piano. Pianissimo, also »sehr leise«, ging nicht angesichts der Kreise, die darin involviert waren. Aber wenn sich die Staatsanwaltschaft auf den offensichtlichen Hauptakteur konzentrierte?

Der Mann mit dem ausgebeulten Anzug erkundigt sich nach der Tendenz ihrer Ermittlungen. Seine Frage stößt auf ein gewisses Unverständnis. »Wie meinst du das, Werner?« Künzel schaut Wenzke fragend an. »Wir ermitteln objektiv, so ist denn auch der Bericht: objektiv und neutral.«

»Na, ihr werdet doch Schwerpunkte setzen, wer mehr, wer weniger gegen Recht und Moral gehandelt hat.«

»Ach so meinst du das«, sagt nun auch Krause erleichtert. »In dieser Hinsicht hat natürlich Pfeiffer mehr auf dem Kerbholz als alle anderen. Er hat die Frauen in seinem Laden quasi angeworben, seine Freundin animiert, Mädchen in die Villa zu bringen, er hat Lemke angestiftet, pornografische Bilder anzufertigen und diese zu vertreiben, zudem war er an deren Verkauf beteiligt, die Feiern und die Fotoaufnahmen erfolgten in seinem Hause ... Da kommt einiges zusammen.«

»Du bist dir also ziemlich sicher, dass sich die Klage des Gerichts auf ihn konzentrieren wird, nicht etwa im Sinne ›gemeinschaftlich handelnd‹ und als Hauptbeschuldigter, sondern als Einzeltäter?«

Künzel reagiert für seinen Kollegen. Sicher könne man sich natürlich nicht sein.

Anfang Juni 1967 verhandelt die Strafkammer des Kreisgerichts Görlitz-Stadt. Die *Sächsische Zeitung* beginnt ihren Prozessbericht, der am 8. Juni erscheint, mit dem erhellenden Satz: »Der Fall Reinhard Pfeiffer

Der Fall Reinhard Pfeiffer war Stadtgespräch. Er wurde jetzt vor der Strafkammer des Kreisgerichts Görlitz-Stadt verhandelt. Pfeiffer hatte sich wegen kupplerischer Zuhälterei, Unzucht mit Kindern usw. usf. zu verantworten, und seine „Geschäftsfreunde" fungierten als Zeugen. Wenn im kapitalistischen Westdeutschland durch die sozialen Verhältnisse eine Frau in nicht wenigen Fällen gezwungen ist, aus ihren Körper zu verkaufen, so steht dies ganz im Widerspruch zu unserem sozialistischen Staat. Bei uns genießt die Frau ein hohes Ansehen und ist gesetzlich gleichberechtigt. Das ist der Tenor, den auch einige Außenseiterinnen nicht beeinträchtigen können. Und würde es nun nicht solche Männer, wie den Angeklagten Pfeiffer und seinesgleichen geben, dann wäre auch solchen Einzelgängern unter den Frauen der Nährboden für ihre „Geschäfte" entzogen.

Pfeiffer, sprach in seinem Kinderwagengeschäft Frauen an, um sie für unmoralische Dinge zu gewinnen und dann zu verkuppeln. Seinen „Geschäftsfreunden", empfahl er die Frauen an Hand von Aktaufnahmen. Er selbst fand den Abnormitäten zuschauen konnte. Für Geld glaubten er und seine „Geschäftsfreunde" alles haben zu können. Pfeiffer schreckte auch nicht zurück, Kinder mit in den Sumpf der Unmoral hineinzuziehen. Hierin zeigt sich besonders die große Gesellschaftsgefährlichkeit seiner skrupellosen Handlungen, da sich bei solchen mißbrauchten

Kindern später oft schlechte Eigenschaften herausbilden können. Aus unserer Jugend sollen aber moralisch saubere Menschen werden. Das ist das Anliegen unserer gesamten Gesellschaft.

In der mehrtägigen Verhandlung versuchte der Angeklagte alle Schuld auf andere abzuwälzen, ja, sogar auf die Kinder selbst. So erschwerte er durch seine Unehrlichkeit die Beweisaufnahme. Und bei all den heiklen Dingen konnten sich auch seine „Geschäftsfreunde" an vieles nicht mehr erinnern. Frauen wurden von Pfeiffer meist als Lügnerinnen hingestellt. Die Zeugin Jutta Vick sagte aus, daß sie aufgefordert worden sei, nach Leipzig mitzufahren, um Pfeiffer dort zu Westgeld zu verhelfen. Fahrt, Messeausweis usw. bezahlte der Angeklagte.

Wenn auch der medizinisch-sachverständige Gutachter dem Angeklagten für die sexuellen Handlungen den § 51, Absatz 2, zubilligte, so kann aber nach Ansicht des Kreisstaatsanwalts kaum eine erhebliche Verminderung der Zurechnungsfähigkeit in Betracht gezogen werden. Zu dieser Einschätzung kam er in seinem Plädoyer. Wegen kupplerischer Zuhälterei, Anstiftung, Unzucht

4 Jahre und 9 Monate Zuchthaus im Pfeiffer-Prozeß

Von unserem Gerichtsreporter Hawe

mit Kindern, Verstoß gegen das Devisengesetz und gegen die Zollverordnung beantragte der Kreisstaatsanwalt für den Angeklagten Pfeiffer eine Gesamtstrafe von 6 Jahren und 3 Monaten Zuchthaus. Bei einigen der Handlungen sah die Strafkammer den Tatbestand nicht als erfüllt (Verjährung usw.) an, und sie wich deshalb vom Antrag ab und verurteilte den Angeklagten Pfeiffer zu 4 Jahren und 9 Monaten Zuchthaus sowie Berufsverbot für 5 Jahre. Das Urteil ist noch nicht rechtskräftig.

Gerichtsbericht in der *Sächsischen Zeitung* am 8. Juni 1967

war Stadtgespräch.« Offenkundig hat man die Sache doch nicht unterm Teppich halten können.

Bereits in der Überschrift teilt Gerichtsreporter Hawe das Wichtigste mit: »4 Jahre und 9 Monate Zuchthaus im Pfeiffer-Prozess«. In gewohnter Weise – einer Mischung aus Berichterstattung und Agitation – berichtet er:

»Pfeiffer hatte sich wegen kupplerischer Zuhälterei, Unzucht mit Kindern usw. usf. zu verantworten, und seine ›Geschäftsfreunde‹ fungierten als Zeugen.« Wer diese »Geschäftsfreunde« waren, bleibt im Nebel, ihre Namen wurden im nachfolgenden Text nicht genannt. Das dürfte durchaus im Sinne von Werner Wenzke gewesen sein. Bevor Hawe, der die juristische Klaviatur weniger zu beherrschen scheint als die politische, zu berichten anhebt, hisst er zunächst die Fahne. »Wenn im kapitalistischen Westdeutschland durch die sozialen Verhältnisse eine Frau in nicht wenigen Fällen gezwungen ist, auch ihren Körper zu verkaufen, so steht dies ganz im Widerspruch zu unserem sozialistischen Staat. Bei uns genießt die Frau ein hohes Ansehen und ist gesetzlich gleichberechtigt. Das ist der Tenor, den auch einige Außenseiterinnen nicht beeinträchtigen können. Und würde es nun nicht solche Männer wie den Angeklagten Pfeiffer und seinesgleichen geben, dann wäre auch solchen Einzelgängern unter den Frauen der Nährboden für ihre ›Geschäfte‹ entzogen.« Gemeinhin findet sich das sogenannte »rote Schwänzchen« immer erst am Ende solcher Beiträge, hier hielt man es für angezeigt, damit zu beginnen und die Leser auf das hohe Urteil einzustimmen.

»Pfeiffer sprach in seinem Kinderwagengeschäft Frauen an, um sie für unmoralische Dinge zu gewinnen und dann zu verkuppeln. Seinen ›Geschäftsfreunden‹ empfahl er die Frauen an Hand von Aktaufnahmen. Er selbst fand Gefallen daran, wenn er dann bei all den Abnormitäten zuschauen konnte. Für Geld glaubten er und seine ›Geschäftsfreunde‹ alles haben zu können.

Pfeiffer schreckte auch nicht davor zurück, Kinder mit in den Sumpf der Unmoral hineinzuziehen. Hierin zeigt sich besonders die große Gesellschaftsgefährlichkeit seiner skrupellosen Handlungen, da sich bei solchen missbrauchten Kindern später oft schlechte Eigenschaften herausbilden können. Aus unserer Jugend sollen aber moralisch saubere Menschen werden. Das ist das Anliegen unserer gesamten Gesellschaft.

In der mehrtägigen Verhandlung versuchte der Angeklagte alle Schuld auf andere abzuwälzen, ja, sogar auf

die Kinder selbst. So erschwerte er durch seine Unehrlichkeit die Beweisaufnahme. Und bei all den heiklen
Dingen konnten sich auch seine ›Geschäftsfreunde‹ an
vieles nicht mehr erinnern. Frauen wurden von Pfeiffer
meist als Lügnerinnen hingestellt.«

Der »medizinisch-sachverständige Gutachter hatte
dem Angeklagten, so Hawe in seinem Text eine vermin-
derte Zurechnungsfähigkeit gemäß § 51 Abs. 2 StGB
zugebilligt. Worunter zu verstehen war, dass ihm der
Verstand vom Kopf in die Hose gerutscht ist, was der
Staatsanwalt aber nicht akzeptierte. In seinem Plädoyer sagte der, er ziehe keineswegs eine »erhebliche Verminderung der Zurechnungsfähigkeit in Betracht«, der
Angeklagte sei schuldfähig, weshalb er wegen »kupplerischer Zuhälterei, Anstiftung, Unzucht mit Kindern,
Verstoß gegen das Devisengesetz und gegen die Zollverordnung« eine Gesamtstrafe von sechs Jahren und
drei Monaten Zuchthaus forderte.

»Bei einigen der Handlungen sah die Strafkammer
den Tatbestand nicht als erfüllt an (Verjährung usw.)
und wich deshalb vom Antrag ab und verurteilte den
Angeklagten Pfeiffer zu vier Jahren und neun Monaten
Zuchthaus sowie Berufsverbot für fünf Jahre.«

Reinhard Pfeiffer siedelte nach Verbüßung seiner
Strafe in die Bundesrepublik über.

Mörderische Lektüre

Eveline Schulze
Die Tote auf den Gleisen
Authentische
Kriminalfälle

224 Seiten, brosch.
12,99 €
ISBN 978-3-360-01314-9

E-Book 9,99 €
ISBN 978-3-360-50134-9

Am Morgen findet ein Streckenläufer der Reichsbahn eine Tote auf den Gleisen. Trotz Eiseskälte trägt sie keinen Mantel. Die Kriminalpolizei ermittelt: Es handelt sich um die 20-jährige Ruth F., Studentin an der Arbeiter- und Bauernfakultät in Görlitz. Man geht von einem Selbstmord aus. Auch in den beiden anderen Fällen geht es spannend zu: Ein junger Mann glaubt 1990, den Mord an seiner Freundin vertuschen zu können. Und Ende der 60er Jahre jagt die K in Görlitz einen Vergewaltiger mit Faible für Frauen mit Brille. Minutiös rekonstruiert Eveline Schulze aus Unterlagen und Zeugenberichten den Tathergang und begibt sich auf spannende Tätersuche.

... *auf der Basis wahrer Begebenheiten*

Eveline Schulze
Vaters Pistole
Authentische
Kriminalfälle

224 Seiten, brosch.
12,99 €
ISBN 978-3-360-02194-6

E-Book 7,99 €
ISBN 978-3-360-50085-4

Erst erschoss sie den Hund, dann die Tochter und schließlich sich selbst. Die Titelgeschichte des sechsten Buches der Autorin aus Görlitz mit authentischen Kriminalfällen aus der Region ist mehr als nur ein Eifersuchtsdrama. Sie greift zurück bis ins Dritte Reich ... Von unheilvollen Familienbanden und milieugeprägten Tätern erzählen auch die beiden anderen Geschichten des Buches, in denen die Autorin wieder einmal faktische Genauigkeit und spannendes Erzählen vereint.

Eveline Schulze
Mörderisches Sachsen
Die spannendsten Fälle

368 Seiten, brosch.
14,00 €
ISBN 978-3-360-01368-2

E-Book 12,00 €
ISBN 978-3-360-50175-2

Nach acht erfolgreichen Bänden mit authentischen Kriminalfällen aus Sachsen stellt Eveline Schulze in dieser Best-of-Sammlung ihre spannendsten Fälle vor. Eine
Mutter, die aus Verzweiflung ihr Neugeborenes tötet, ein
Mann, der sich nur Brillenträgerinnen als Opfer sucht, ein
Sohn, der es dem gewalttätigen Vater heimzahlt – sie alle
gehören zu Sachsens mörderischer Vergangenheit. Und die
»Miss Marple von Görlitz« hat noch einen besonders kurio-
sen, bisher unveröffentlichten Fall auf Lager: Eine Klein-
kriminelle und ihr Liebhaber schmieden ein Mordkomplott
gegen den unliebsamen Ehemann …

Eveline Schulze
Liebesmord
Authentische
Kriminalfälle aus
der DDR

224 Seiten, brosch.
12,95 €
ISBN 978-3-360-02106-9

E-Book 7,99 €
ISBN 978-3-360-50008-3

Es hat schon mancher aus Liebe gemordet. Auch in der DDR-Provinz. Eveline Schulze hat Mordfälle aus den 70er und 80er Jahren aufgespürt, die bis heute nichts von ihrer emotionalen Wirkung eingebüßt haben: In einem Dorf bei Görlitz brennt ein Haus ab. Die Feuerwehr findet die Leiche der 20-jährigen Sabine G., die, wie die Gerichtsmedizin feststellt, nicht Opfer der Flammen, sondern vergewaltigt und erwürgt wurde. Ein Sohn ersticht aus Mutterliebe seinen Vater, weil der seine Frau fortgesetzt quält. Oder die Geschichte von »Broiler-Eddi«, dessen kriminelle Karriere in Görlitz als Heiratsschwindler beginnt und als Doppelmörder in Bayern endet.

Inhalt

Bildnachweis:
Archiv Schulze, Ralph Schermann (3), Ch. Rißler (5)

Das Neue Berlin –
eine Marke der Eulenspiegel Verlagsgruppe Buchverlage

ISBN 978-3-360-01380-4

1. Auflage 2022
© Eulenspiegel Verlagsgruppe Buchverlage GmbH, Berlin
Alle Rechte der Verbreitung vorbehalten.
Ohne ausdrückliche Genehmigung des Verlages ist nicht
gestattet, dieses Werk oder Teile daraus auf fotomechanischem
Weg zu vervielfältigen oder in Datenbanken aufzunehmen.

Umschlaggestaltung: Buchgut, Berlin
unter Verwendung eines Motivs von picturealliance /
United Archives I Werner Otto
Druck und Bindung: buchdruckerei.de, Berlin

www.eulenspiegel.com